MISSION D'ÉGYPTE

1863—1864

———

PREMIER MÉMOIRE

SUR

LES MONUMENTS HISTORIQUES

EXTRAIT DE LA IIe PARTIE DU TOME XXV

DES MÉMOIRES

E L'ACADÉMIE DES INSCRIPTIONS ET BELLES-LETTRES.

RECHERCHES

SUR

LES MONUMENTS

QU'ON PEUT ATTRIBUER

AUX SIX PREMIÈRES DYNASTIES

DE MANÉTHON

PRÉCÉDÉES D'UN RAPPORT

ADRESSÉ À M. LE MINISTRE DE L'INSTRUCTION PUBLIQUE

SUR

LES RÉSULTATS GÉNÉRAUX DE LA MISSION

PAR M. LE VICOMTE EMMANUEL DE ROUGÉ

DE L'ACADÉMIE DES INSCRIPTIONS ET BELLES-LETTRES.

PARIS.

IMPRIMERIE IMPÉRIALE.

M DCCC LXVI

PREMIER RAPPORT

ADRESSÉ

A M. LE MINISTRE DE L'INSTRUCTION PUBLIQUE.

SUR

LA MISSION ACCOMPLIE EN ÉGYPTE,

PAR M. LE VICOMTE E. DE ROUGÉ,

DE L'ACADÉMIE DES INSCRIPTIONS ET BELLES-LETTRES.

———

15 juin 1864.

Monsieur le Ministre,

Votre Excellence voudra bien m'excuser si je me borne à lui rendre un compte sommaire de la mission que j'ai remplie en Égypte pendant les six mois qui viennent de s'écouler. La fatigue excessive qui a suivi cette période d'activité laborieuse ne me permettrait pas d'exposer en détail les progrès que doivent apporter à la science les immenses matériaux que nous avons collectionnés. Six volumes d'inscriptions inédites, copiées à la main; deux cent vingt planches photographiées, reproduisant les murailles historiques des temples, les plus grandes inscriptions et les plus beaux monuments de l'art égyptien : tel est le résumé des dépouilles que nous avons recueillies dans l'ancienne Égypte. C'est assez vous dire le travail nécessaire pour en tirer tous les fruits,

Organisée par les ministères d'État et de l'Instruction publique, sous l'inspiration de Sa Majesté, notre mission réunissait tous les éléments d'un travail fructueux. Un savant épigraphiste, M. Wescher, m'était adjoint pour étudier les inscriptions grecques; mon fils s'était préparé par trois années d'études spéciales à me seconder dans la copie si

difficile des inscriptions hiéroglyphiques; M. de Banville devait nous
fournir l'aide, devenue indispensable aujourd'hui à l'archéologue,
de son talent éprouvé pour la photographie; enfin M. Mariette s'est
joint à la mission, dès son début, avec l'autorisation de S. A. le vice-
roi, et nous a constamment éclairés par sa connaissance profonde
des monuments, et en nous communiquant les découvertes sorties
des fouilles qu'il a dirigées.

Son Altesse Ismaïl-Pacha, jaloux de contribuer au succès de notre
mission, a mis à notre disposition un excellent bateau à vapeur, sur
lequel nous trouvions le double avantage de n'éprouver aucune perte
de temps dans les longues distances, et d'avoir les ressources, si
précieuses pour l'étude, d'un établissement sain et commode; aussi
avons-nous pu travailler avec une assiduité non interrompue, et la
fatigue ne s'est fait sentir qu'après l'accomplissement de la tâche qui
nous était imposée.

Une simple table des documents nouveaux que nous rapportons
grossirait démesurément ce premier rapport; je me bornerai, en ce
moment, à vous signaler les principaux objets d'étude autour desquels ces documents viendront se grouper, en négligeant la marche
de notre voyage, et en me conformant plutôt à la succession historique : notre but et l'espoir de nos progrès seront ainsi plus facilement compris.

La plus ancienne époque qu'il nous soit donné d'étudier en Égypte
par des monuments contemporains appartient à la quatrième dynastie,
c'est-à-dire à une époque qui précède certainement notre ère de plus
de vingt-cinq siècles. Il faut reconnaître que les calculs chronolo-
giques ne peuvent avec certitude s'étendre jusqu'à cette limite; la
variété des systèmes suffit pour le prouver; mais nous n'en sommes
pas moins déjà aux prises avec une histoire bien réelle, certifiée par
les monuments, vivant encore dans des œuvres immenses, et dont
une foule de détails et de personnages nouveaux, révélés par les
fouilles du gouvernement égyptien, vient animer et enrichir la connaissance. Les dynasties antérieures ne sont, jusqu'ici, connues que

par des listes royales, les unes transcrites dans des extraits de Manéthon, les autres conservées par les monuments. La nouvelle liste,
trouvée par M. Mariette dans un tombeau de Sakkarah, est certainement le plus intéressant de ces documents. Elle nous donne les noms
de plusieurs rois de la seconde et de la troisième dynastie sous leur
forme égyptienne. La Table de Memphis (c'est le nom que lui a
donné notre savant confrère) a été copiée et photographiée avec
tous les éléments qui sont nécessaires à la complète discussion d'un
texte bien plus précieux encore que la célèbre table d'Abydos.

Les tombeaux de Gizeh et de Sakkarah, mis au jour depuis ces
dernières années, ont été minutieusement étudiés ; ils nous ont
rendu les noms d'une foule de personnages appartenant à cette première époque monumentale : ce sont des reines, des princes, des
grands fonctionnaires, qui ont vécu sous les règnes de *Choufou*, de
Schafra, de *Menchérès* et de leurs successeurs. Le plus ancien roi
dont nous connaissions un monument contemporain se nommait *Senofre;* sa place était, jusqu'ici, controversée. Le tombeau d'une princesse qui occupa un rang éminent sous les règnes successifs de *Senofre*, *Choufou* et *Schafra*, m'engage à reconnaître définitivement
dans *Senofre* le roi que la liste de Manéthon nomme *Sôris*, et qu'elle
place avant *Souphis* (Choufou), en tête de la quatrième dynastie. La
succession se continue par une quantité considérable de tombeaux,
dont l'étude permettra de dresser un tableau très-étendu de la civilisation égyptienne sous la quatrième et la cinquième dynastie.

L'histoire de l'art, à cette époque si reculée, s'impose à l'esprit
comme un des problèmes les plus curieux qu'il nous soit donné de
méditer. Nous connaissions, jusqu'ici, l'art de la quatrième dynastie
par les masses imposantes des pyramides, qui avaient de bonne
heure frappé d'étonnement les architectes les plus habiles par la
grandeur de l'appareil, la perfection de la pose des blocs et l'éton-
nante justesse de leur orientation. Le temple du sphinx, retrouvé
par M. Mariette, attestait, en outre, l'emploi harmonieux des plus
riches matériaux et l'entente des belles proportions. Mais le peuple

qui taillait déjà le granit et l'albâtre avec ce goût et cette facilité
n'était-il habile qu'en architecture? Les fouilles qui ont enrichi le
musée du Caire de tant de belles statues de cette première époque
répondent aujourd'hui à cette question. La photographie, témoin
incorruptible, nous a, ici, prêté un secours dont le plus habile crayon
n'aurait pu égaler l'autorité. Les portraits de ces statues antiques,
dont nous rapportons d'excellents spécimens, montreront aux yeux
les plus prévenus que le principe du premier art égyptien était la
nature même, fidèlement observée et déjà habilement rendue. Les
proportions exactes, les principaux muscles étudiés avec soin, la
figure sculptée avec finesse, et l'individualité du portrait saisie souvent avec bonheur, telles sont les louanges que nous pouvons dé-
cerner aujourd'hui à ces artistes du premier âge, soit qu'ils se bornent à tailler la pierre calcaire, soit qu'ils mettent en usage les belles
essences de bois qui croissaient dans la vallée du Nil, soit, enfin,
qu'ils s'attaquent aux roches les plus dures, comme dans les statues
du roi *Schafra*, et qu'ils se rendent maîtres du granit le plus rebelle
avec une puissance et une souplesse de ciseau qu'on ne saurait trop
admirer. Ce peuple de figures nouvelles, sorties des fouilles de Sakkarah, est toute une révélation; car la sculpture du temps des pyramides n'était encore connue que par des échantillons rares et peu
soignés.

Les souvenirs de la quatrième et de la cinquième dynastie sont
groupés et concentrés, pour ainsi dire, autour du site antique de
Memphis. Ceux de la sixième se retrouvent un peu partout, et nous
avons eu à glaner quelques inscriptions du roi *Papi-meri-ra* dans toute
l'Égypte, depuis Sân jusqu'à Abydos et aux rochers d'Assouan : peut-
être pourront-elles éclaircir la difficile question qui se rattache à sa
succession. En effet la science ne connaît pas de monuments qu'elle
puisse classer avec certitude entre la sixième et la onzième dynastie,
ce qui a fait conjecturer que les familles royales auxquelles les listes de
Manéthon ont donné cette place ne représentaient que des souverains
partiels et contemporains des autres pharaons. Quoi qu'il en soit, les

fouilles de Thèbes ont beaucoup ajouté à nos connaissances sur les premiers rois thébains, ceux de la onzième dynastie. Leur sépulture a été retrouvée, plusieurs de leurs sarcophages sont même arrivés dans nos musées. Nous avons pu étudier, dans le champ funéraire de cette dynastie, un obélisque nouveau, et voir une stèle encore en place devant la pyramide écroulée, tombeau du roi *Antef*. Ce prince, grand chasseur à ce qu'il paraît, s'était fait représenter environné de ses chiens favoris, dont il a même voulu nous conserver les noms et nous dire les qualités.

La famille d'*Antef* ne gouvernait probablement que la Thébaïde; mais, avec la douzième dynastie, nous rentrons dans une ère monumentale dont la grandeur et la fécondité sont signalées depuis long-temps. Les nouvelles fouilles sont très-riches en monuments de cette belle époque. Les premières constructions importantes que nous ayons rencontrées à Tanis ou Avaris (car nous croyons que ces deux noms appartiennent à la même ville) sont l'ouvrage d'*Ousertasen I*[er], et tous ses successeurs ont continué son œuvre, comme l'atteste la série de nos inscriptions. Nous avons relevé avec soin les légendes qui accompagnent les belles statues de cette dynastie, tandis que la photographie en prenait l'image. On remarquera particulièrement, pour la finesse des traits et l'ajustement de la coiffure, deux statues en diorite représentant la reine *Nofre*. Quant au colosse du roi *Ouser-tasen I*[er], c'est un de ces chefs-d'œuvre que nos musées, trop négligents de leurs intérêts pendant de longues années, envieront maintenant au musée du Caire. Un fragment très-célèbre du colosse qui lui servait de pendant à Tanis, et qui est possédé par le musée de Berlin, peut donner aux archéologues une idée exacte de la valeur de ce morceau.

Nous avions étudié et également fait photographier un autre colosse du même roi à Abydos, où la douzième dynastie a laissé de nombreux souvenirs. Cette localité a fourni au musée du Caire une riche série d'inscriptions du même temps, que nous avons pu en-tièrement copier ou photographier. C'est au nord de la plaine d'Abydos que M. Mariette a retrouvé, sous une triple couche de ruines, les restes de l'enceinte du plus ancien temple d'Osiris; contre cette enceinte, aujourd'hui si profondément enfouie, une série de stèles officielles attestait les visites successives des souverains, jaloux de rendre leurs hommages au vieux sanctuaire. Mais la plupart de ces textes tombent en poussière au contact de l'air. Nous avons disputé à la main du temps tout ce qu'il nous a été possible de lui arracher, et nous avons copié tout ce qu'une étude attentive et répétée nous a permis d'en saisir, malgré les lacunes qui interrompent à chaque instant les récits.

. La douzième dynastie a laissé partout des traces de son pouvoir, depuis la basse Égypte jusqu'au fond de l'Éthiopie, depuis le Fayoum jusqu'à la presqu'île de Sinaï. On savait, par l'étude de quelques débris, qu'*Ousertasen I*er avait construit à Thèbes un premier sanctuaire, détruit à une époque restée inconnue. Une inscription récemment déterrée à Karnak m'a démontré, du moins, que ce sanctuaire n'avait pas été renversé du temps des rois pasteurs. Objet d'une respectueuse sollicitude de la part des pharaons, il avait été soigneusement réparé, sous la vingtième dynastie, par le grand prêtre *Amen-hotep,* ce qui nous prouve qu'il avait dû être pris en considération dans le plan général des grands travaux exécutés à Karnak par les *Toutmès* et les *Aménophis.*

Les moindres documents historiques appartenant aux dynasties suivantes méritaient particulièrement notre attention. Suivant un système soutenu par divers savants, et qui s'appuie sur l'autorité du nom de M. Lepsius, l'invasion des Pasteurs serait venue interrompre la série des pharaons nationaux aussitôt après la douzième dynastie. Nous avons recueilli à Abydos et sur les rochers des îles voisines de la première cataracte des souvenirs nombreux de la famille des *Sevek-hotep,* qui appartiennent à la treizième. Mais ces renseignements, très-utiles à tout autre point de vue, ne décidaient rien quant à la question que je viens de signaler; car l'occupation de la basse Égypte par les Pasteurs et leurs incursions, si désastreuses qu'on les suppose,

auraient pu ne pas interrompre absolument la série monumentale
dans la haute Égypte. Mais, à Tanis, il en est tout autrement : dans
cette ville, véritable boulevard de la frontière du côté de la Palestine,
et où nous allons tout à l'heure signaler le siége même de la puissance des rois pasteurs, *Sevek-hotep III,* le quatrième roi de la
treizième dynastie, dressait encore ces colosses de granit; on y remarque également une belle figure colossale d'un pharaon nommé
Mour-maschau, et dont les cartouches se lisent, dans la célèbre liste
royale du papyrus de Turin, parmi les souverains de la même famille.
Assurément les Pasteurs n'avaient pas encore passé la frontière au
moment où les images de ces pharaons étaient érigées paisiblement
à Tanis pour y attester leur domination.

J'ai déjà expliqué, dans une communication envoyée à l'Académie
des inscriptions, et publiée pendant mon voyage, les faits nouveaux
qui attestent à Tanis l'établissement de ces envahisseurs venus d'Asie,
que la tradition nommait *les Pasteurs* ou *les Hyksôs,* et les emprunts
qu'ils firent aux arts égyptiens. M. Mariette prépare, d'ailleurs, un
mémoire spécial sur les questions si curieuses que soulèvent ces
monuments nouveaux; l'habile archéologue y retracera d'une manière complète tout ce que les fouilles nous ont appris sur les relations de l'Égypte avec ses oppresseurs, relations qui ne jettent pas
moins de jour sur l'état antique des peuples dits *sémitiques* que sur
celui de l'Égypte vers le XVIIIe siècle avant notre ère. Je me bornerai
donc à mentionner ici les belles photographies prises à Sân par M. de
Banville, et dans lesquelles le style mixte de ces curieux monuments
pourra être étudié comme sur le vif.

L'expulsion des Pasteurs marque le commencement de ce qu'on
appelle le second empire égyptien; il s'ouvre par l'époque des grandes
conquêtes qui établirent, pendant plusieurs siècles, la supériorité de
l'Égypte. Nous ne sommes pas encore dans le domaine d'une exacte
chronologie, mais la différence entre les résultats des divers calculs
est déjà singulièrement diminuée; cette ère s'ouvrirait, suivant les
uns au XVIIIe siècle, suivant les autres au XVIe siècle avant Jésus-Christ.

Ici notre travail le plus ardu ne consistait pas à rechercher des textes nouveaux; les nombreuses pages historiques gravées sur les monuments, et déjà publiées, avaient besoin d'être collationnées soigneusement sur place, et nous avons dû employer un temps considérable à cette minutieuse vérification à Assouan, à Silsilis, à El-Kab, à Karnak, à Louqsor, à Médinet-Habou, etc. etc. Nos recherches ont souvent été payées par d'heureuses additions ou par des corrections importantes aux textes devenus classiques dans la science. La difficulté de copier avec exactitude certaines inscriptions hiéroglyphiques ne peut être bien comprise que par ceux qui ont eu le courage de passer de longues heures à disputer un texte à des surfaces à moitié détruites par l'action du temps. Là où nous avons employé fructueusement des journées entières, d'autres yeux plus perçants, et travaillant peut-être dans d'autres conditions de lumière, retrouveront encore après nous de quoi payer leurs efforts.

Les monuments de la dix-huitième et de la dix-neuvième dynastie ont, d'ailleurs, fourni un large contingent de textes nouveaux : laissant de côté les inscriptions secondaires, qui nous aideront à compléter l'histoire de cette époque, je signalerai plus particulièrement à l'attention le commencement du poème historique sur les campagnes de *Ramsès II* (Sésostris). Ce morceau, si important au double point de vue de l'histoire et de la littérature, était déjà connu par le papyrus Sallier, dont j'ai donné la traduction il y a plusieurs années; mais les premières pages de ce manuscrit étaient perdues, et le texte commençait au milieu d'une phrase. Champollion avait déjà signalé des débris du même récit sur la muraille extérieure du temple de Karnak; j'en ai reconnu également un autre exemplaire sur le premier pylône de Louqsor; mais il était profondément enfoui précisément derrière la place primitive de notre obélisque de la place de la Concorde. Les fouilles entreprises sous nos yeux ont mis au jour tout ce qui subsistait encore, sur les deux murailles, du commencement de cet admirable document. En complétant, l'un par l'aurte, les débris conservés à Karnak et à Louqsor, on peut affirmer que l'œuvre du poëte égyptien, qui avait été ainsi jugée digne d'être inscrite sur les beaux temples de Thèbes, nous sera rendue presque en totalité.

Nous rapportons également des textes inédits et très-intéressants, relatifs à une autre phase de l'histoire égyptienne, qui se développa vers le xiv° siècle avant notre ère. A cette époque, des noms inconnus jusque-là apparaissent parmi les peuples rivaux de l'Égypte; ils appartiennent en grande partie à la race *blanche*, que les Égyptiens nommaient *Tamahou*. Les uns occupaient alors une partie du littoral africain, les autres habitaient les îles et les côtes de la Méditerranée. Leur première attaque eut lieu sous le règne de *Ménephtah*, fils de *Ramsès II*; elle se présente avec le caractère très-décidé d'une invasion. L'Égypte eut à défendre ses propres foyers; une inscription, composée de soixante et dix-sept colonnes d'hiéroglyphes, et mise au jour par nos fouilles, ajoutera beaucoup à nos connaissances sur ces peuples et sur la guerre terrible que l'Égypte soutint contre eux.

Ce sont les mêmes ennemis, augmentés toutefois d'alliés nouveaux et appartenant aux mêmes races, que nous retrouvons sous *Ramsès III*, à Médinet-Habou. Les fouilles de cet admirable édifice ne sont pas encore terminées, et plusieurs grandes pages historiques sont enfouies presque jusqu'au sommet. J'ai pu néanmoins copier ou saisir par la photographie de longues inscriptions inédites et se rapportant à l'histoire de ce temps. Il est impossible que l'étude de ces documents ne jette pas un jour inattendu sur les populations primitives de l'Archipel, et peut-être sur les races pélasgiques, auxquelles semble avoir appartenu l'empire de la mer avant le développement de la puissance phénicienne.

Je passe rapidement sur les faits nouveaux relatifs aux dernières périodes de l'histoire des pharaons, malgré les nombreuses inscriptions qui s'y rapportent, et qui complètent, éclaircissent ou rectifient nos connaissances historiques. C'est ainsi que la vingt et unième dynastie de Manéthon, qui était à peu près inconnue sur les monuments, a retrouvé son chef *Smendès* et plusieurs de ses rois dans les

b

fouilles de Tanis. C'est ainsi que l'origine et les progrès de la puissance des rois éthiopiens, qui envahirent l'Égypte au VIIIe siècle avant Jésus-Christ, ont reçu de grands éclaircissements par les inscriptions découvertes à Gebel-Barkal; mais je me hâte de terminer cette énumération.

Si nous descendons maintenant aux temps de la domination grecque, on pourrait craindre que les monuments mis au jour par les fouilles du gouvernement égyptien fussent moins riches en curieuses révélations. Mais on est promptement rassuré aussitôt qu'on a parcouru le temple d'Edfou, sorti entier et comme tout vivant des décombres qui l'avaient enseveli, qui résume tous les temples ptolémaïques et qui pourrait presque les remplacer à lui seul. La première impression qu'éprouve l'archéologue en abordant l'étude de ces longues murailles toutes couvertes de tableaux et d'inscriptions finement gravées, c'est le sentiment de son impuissance. Il faut choisir et se borner, sous peine de voir le temps s'écouler et le travail grandir devant soi et à chaque fois que l'examen devient plus attentif. Nous avons copié, copié sans relâche, pendant que la photographie multipliait ses épreuves partout où le jour éclairait suffisamment la gravure des tableaux et des inscriptions choisies. Edfou est le véritable répertoire de la mythologie égyptienne. Sans doute le génie grec se sera fait jour dans quelque détail, mais le fond de la religion antique n'est pas sensiblement altéré; tout au plus pourra-t-on attribuer à l'esprit nouveau un développement inusité des mythes. Si l'on en excepte les hymnes funéraires, les textes religieux d'une certaine étendue sont extrêmement rares sur les monuments pharaoniques; nous n'avions rencontré de développements analogues à ceux d'Edfou que dans le seul temple d'Abydos, construit par Séti Ier, et où nous avons recueilli des hymnes très-importants. Edfou reste donc extrêmement précieux sous ce rapport; comparées aux représentations de Philæ, qu'elles complètent, les figures et les légendes de ce temple forment un sujet d'études inépuisables dans le domaine de la religion égyptienne : nous en rapportons une énorme série d'inscriptions.

Les soubassements des diverses parties du temple présentaient
également un sujet d'études attachant pour nous. Leur décoration
se compose de véritables traités de géographie conçus, dans l'esprit
du temps et dont voici le programme invariable : le souverain offre
ses hommages aux dieux du temple, auxquels il est censé amener et
présenter toutes les régions de son empire. Dans les listes les plus
étendues, chaque province est escortée de ses villes principales,
dont les meilleurs produits sont souvent énoncés. D'autres séries de
tableaux et d'inscriptions énumèrent les dieux vénérés dans chaque
localité. Nous avons aussi complété la copie de ces précieux documents.

Je me suis moins arrêté aux derniers temples de style égyptien,
construits du temps des Romains. Ce n'est pas que l'étude n'en puisse
être profitable, mais leurs inscriptions rebutent l'archéologue par leur
tracé confus et le mauvais style des caractères, qui sont d'ailleurs
souvent effacés ou difficiles à lire, parce qu'ils étaient gravés en relief
sur des blocs de grès. Je citerai pourtant un souterrain découvert
depuis peu de temps dans la partie méridionale du grand temple de
Dendérah : la seule entrée était dissimulée par une pierre mobile et
qui semblait faire partie de la décoration de la salle. Déplacée par
hasard, elle donna accès dans une suite de couloirs et de petites
chambres obscures, où peut-être s'accomplissaient les épreuves des
initiations. Il est certain que, malgré l'état de dépendance où se trouvait alors le pays, on lit sur diverses portes de ce souterrain la dé-
fense d'y laisser pénétrer les profanes; les Asiatiques et les Grecs
eux-mêmes en sont exclus nominativement. Les représentations sont,
du reste, analogues à celles qu'on voit dans les autres parties du
temple. Nous en avons fait une étude suffisante en copiant toutes les
légendes qui accompagnent les tableaux religieux dont les parois sont
couvertes sur une longueur de plus de soixante mètres [1].

[1] D'autres souterrains, dont l'entrée ne nous fut pas révélée, ont fourni, de-puis notre voyage, à M. Dümichen et à M. Mariette, les plus curieuses découvertes sur l'origine de Dendérah.

Tels sont les principaux résultats de nos explorations; elles se sont étendues depuis le site de Tanis jusqu'à l'île de Philæ, les fouilles dirigées par M. Mariette n'ont pas encore dépassé cette limite. Nous avions pu d'ailleurs nous convaincre, par un premier aperçu, en remontant le Nil, que les trois mois qui nous restaient avant les chaleurs ne suffiraient pas à terminer la partie la plus essentielle de notre mission. Quand nous avons regagné le Caire, les symptômes de la fatigue commençaient aussi à se faire sentir et nous avertissaient qu'il fallait prudemment songer au retour, malgré le regret que nous éprouvions d'avoir laissé de côté plusieurs localités d'un haut intérêt. Si le climat d'Égypte est excellent pendant les mois d'hiver, il n'en est pas moins vrai qu'un travail intellectuel trop assidu y devient bientôt très-pénible, et qu'il laisse souvent des traces fâcheuses dans l'organisation. On n'y dépasse pas impunément une certaine mesure : cette première récolte était, d'ailleurs, tellement abondante, qu'une longue vie de travail ne suffirait pas à l'épuiser.

C'est un devoir pour moi, avant de terminer ce premier rapport, de rendre hommage au zèle de mes compagnons de voyage, sans l'aide desquels ma mission eût été bien incomplétement remplie. Ils n'ont jamais faibli devant les travaux incessants que nous imposait l'abondance des matériaux, et qui donnaient souvent à ce beau voyage une physionomie trop sévère. Je dois aussi des remercîments à M. Mariette, qui nous a si habilement guidés, et qui a si souvent secondé mon fils dans la pénible copie de longues inscriptions.

M. Wescher a déjà fait connaître à Votre Excellence les bons résultats qu'il a obtenus : la philologie et l'histoire y trouveront largement leur profit. Je ne puis que rendre le meilleur témoignage de son savoir et de son zèle pour la science; le déchiffrement des *graffiti* si nombreux relevés par lui dans les tombeaux de Bab el-Molouk sera cité particulièrement comme un chef-d'œuvre de patience et de sagacité. Quant à la collection des photographies exécutées par M. de Banville, elle a déjà réuni les suffrages des connaisseurs de cet art difficile. Il a su rendre les figures avec toutes les finesses du modelé, les vues des monuments avec les demi-teintes et la vérité de la perspective, et les inscriptions avec une netteté dont nous n'avions pas encore vu d'exemple dans les photographies rapportées d'Égypte. Artiste jaloux de la perfection, et toujours en quête du mieux, il a su approprier ses procédés aux variations de la chaleur et de la lumière, et à la nature même de chaque objet qu'il devait reproduire.

Ainsi secondés et sur un sol aussi riche encore, nos labeurs ne pouvaient pas être inféconds : nous avons la conscience d'avoir rempli fidèlement, et dans la mesure de nos forces, la mission qui nous était confiée, et nous espérons que la science y pourra longtemps puiser d'utiles renseignements.

J'aurai l'honneur de développer à Votre Excellence, dans un rapport plus détaillé, les faits nouveaux que la première étude de nos inscriptions m'aura successivement révélés. Ce premier aperçu de nos travaux aura pu faire comprendre à combien de questions intéressantes il faudra nécessairement toucher dans cet examen : questions ardues, insolubles jusqu'à nos jours, mais qu'il faut aborder résolûment aujourd'hui, puisque la découverte immortelle de Champollion a mis les éléments de la discussion entre nos mains, et parce qu'elles s'imposent à l'historien des temps antiques comme un des premiers sujets offerts à ses méditations.

J'ai l'honneur d'être, Monsieur le Ministre, de Votre Excellence,

Le très-humble serviteur,

Vicomte E. DE ROUGÉ.

AVANT-PROPOS.

———

Le rapport sommaire qui précède peut servir d'introduction à ce premier mémoire. Il suffit également pour donner une idée de la variété des sujets que comprend aujourd'hui l'archéologie égyptienne. Elle exigerait la rédaction d'une sorte d'encyclopédie, mais c'est une entreprise devant laquelle le plus intrépide ouvrier ne pourrait se dissimuler son insuffisance. Heureusement la légion égyptienne se grossit chaque jour de brillantes et solides recrues qui suffiront à la tâche en se la partageant. Mais, si l'abondance et la diversité des matériaux inédits sont pour le voyageur archéologue une cause de séduction perpétuelle, cette richesse peut aussi devenir un danger pour la solidité des recherches. C'est pourquoi, sans trop détourner notre attention des monuments les plus précieux pour l'étude des arts, des mœurs et de la religion, nous avons cependant concentré la plus grande partie de notre

· travail sur ceux qui nous offraient un sens plus spécialement historique. La prudence nous recommandait cette
conduite, renfermés que nous étions dans des limites trop
étroites par le temps et par nos forces.

Ce point de vue que nous avons eu constamment sous
les yeux, dans le cours de notre mission, a également
dirigé le premier dépouillement des matériaux amassés
dans notre voyage. Les documents se classaient ainsi dans
nos cartons à mesure qu'ils étaient recueillis, et l'étude en
était aussitôt commencée. Elle fut poursuivie sans relâche
aussitôt qu'un repos devenu nécessaire eut effacé les fati-
gues de la mission. Nous avons pu ainsi, d'après le désir
qui nous en fut exprimé, donner dans les leçons du Collége
de France, dès le printemps de l'année 1864, les résultats
de nos études historiques et indiquer les preuves de nos
assertions. C'est le commencement de ce même travail,
médité plus à loisir et rédigé sous la forme d'un mémoire,
comprenant les souvenirs historiques des six premières
dynasties que nous avons eu l'honneur de soumettre à nos
confrères de l'Académie des inscriptions et belles-lettres.
En énumérant les principaux documents déjà connus et
suffisamment discutés dans d'autres ouvrages, nous ne
ferons que les indiquer sommairement et seulement de
manière à réunir, par un lien historique, les documents
nouveaux que nous apportons à la science. Nous sommes
bien loin, d'ailleurs, d'avoir la prétention d'offrir au lecteur

une histoire complète des pharaons. Nous entreprenons
seulement de rédiger une série de *mémoires pour servir à
l'histoire d'Égypte*. Le jour n'est pas loin peut-être où l'on
pourra faire davantage; mais, en ce moment, non-seule-
ment les fouilles n'ont pas été terminées sur beaucoup de
points importants, mais, de plus, l'admirable instrument
dont nous a dotés le génie de Champollion a encore singulièrement besoin d'être perfectionné. C'est dans son emploi, rendu plus sévère et plus parfait chaque jour, qu'on
peut trouver la voie des plus grands progrès. Ce sont là
d'autres fouilles qui ne sont ni les moins difficiles ni les
moins laborieuses; on doit les conduire courageusement
au cœur des textes égyptiens qu'il faut sonder et passer au
crible sans relâche, si l'on veut assurer sa marche et con-
quérir de nouveaux succès.

Les formalités de la double lecture devant l'Académie
et les retards de l'impression ne nous ont pas permis d'offrir
plus tôt ce mémoire à nos confrères. La plupart de nos
résultats, expliqués par nous au Collége de France, ont
déjà reçu une certaine publicité; ils ont été répétés en
Allemagne et en Angleterre par plusieurs de nos audi-
teurs. Nous avons même reçu, pendant la correction de
nos épreuves, un ouvrage de M. le professeur Lauth, de
Munich, intitulé *Manetho*, où sont traitées, en partie, les
mêmes questions. M. Lauth avertit loyalement qu'il assis-
tait à mon cours de 1864; c'est ainsi qu'il a pu reproduire

une grande partie des faits nouveaux que j'y avais détaillés.
Toutefois ce savant les a mêlés à beaucoup de vues qui
lui sont particulières et qui souvent eussent mérité discussion : mais l'impression était trop avancée pour que
nous pussions songer à de nouveaux développements.
Nous y reviendrons, s'il est nécessaire, dans un prochain
mémoire, qui comprendra la seconde partie de l'ancien
empire.

RECHERCHES

SUR

LES MONUMENTS

QU'ON PEUT ATTRIBUER

AUX SIX PREMIÈRES DYNASTIES

DE MANÉTHON.

———————

§ Ier.

CONJECTURES SUR L'ORIGINE DES ÉGYPTIENS.

Quand on dirige un esprit investigateur sur les antiquités d'un peuple et qu'on cherche à fixer les grandes lignes de son histoire, il est une question que la curiosité présente la première et qu'elle ramène avec obstination, c'est la question des origines; et cependant c'est le dernier problème que la science puisse aborder avec sécurité, quand toutefois il ne reste pas insoluble. Là où les documents strictement historiques font toujours défaut, il faut réunir avec patience et sonder curieusement tous les indices contenus dans les formes du langage, dans les traditions populaires et dans la mythologie. En éclairant ainsi les conjectures, on peut espérer de leur donner un caractère assez sérieux pour songer à les introduire dans les prolégomènes de l'histoire. Plus on avancera dans la connais-

PREMIÈRE LECTURE,.
16, 23, 30 déc. 1864,
13 janvier 1865.
———
DEUXIÈME LECTURE,
20, 27 janvier,
3 février,
3 et 10 mars 1865

sance des anciens monuments de l'Afrique et de l'Asie, et plus
nous aurons l'espoir de rencontrer le vrai dans ces difficiles
questions. Nous ne dirons ici quelques mots sur l'origine du
peuple égyptien, que parce que nous y sommes amené par
l'étude de certains faits, qui ont particulièrement attiré notre
attention dans le cours de notre mission, et qui ont pris, à nos
yeux, un caractère plus précis par la découverte de documents
nouveaux.

Le langage est parfois le seul monument qui remonte jusqu'au berceau d'une race; c'est un témoin irréprochable quand
on sait l'interroger par des méthodes saines et critiques. Il y a
longtemps que la linguistique a déterminé la place de la langue
copte à une certaine distance des deux groupes des langues
ariennes et *syro-araméennes*[1], et comme un rameau détaché
très-anciennement et tout près de la racine. Une connaissance
plus approfondie de la langue de l'Égypte antique, mère de
l'idiome copte, permet aujourd'hui de mieux définir ces rapports de parenté. L'appareil grammatical obtient avec raison la
première place dans l'appréciation des philologues; il forme
en effet le réseau intellectuel sur lequel s'attache et se dessine
le discours. Semblable au corps humain, dont les éléments
peuvent changer impunément chaque jour, sans en altérer ni
la vie, ni l'individualité, le langage reconnaît la véritable loi
de son type dans les conceptions grammaticales. Il est donc

---

[1] J'emploie à dessein cette dénomination; j'aurai occasion d'expliquer, dans le
cours de ces études, pourquoi le nom de
langues sémitiques me paraît une dénomi-
nation inacceptable pour le groupe de langues auxquelles on l'applique ordinairement, quand on veut considérer le point
de vue ethnographique.

intéressant au plus haut degré d'avoir pu constater que la matière grammaticale de la langue égyptienne se retrouve presque
tout entière dans les langues syro-araméennes. Le paradigme
de la conjugaison du temps simple est composé avec des pro-
noms suffixes tout pareils et jouant presque identiquement le
même rôle. Une des formes du pronom de la 3ᵉ personne man-
quait seule à l'appel dans les langues syro-araméennes; mais,
comme tous les progrès s'enchaînent, c'est la langue assyrienne
qui nous a rapporté ici la pierre qu'on croyait perdue. Les suffixes égyptiens de la 3ᵉ personne, de la forme ⳤ *su* au singulier et ⳤ *sen* au pluriel, ont retrouvé leurs parents à Ni-
nive, dans les suffixes de même valeur שׁ, שׁ, aujourd'hui
acceptés par tous les savants qui s'occupent des textes cunéi-
formes. Plus on remonte dans l'antiquité, et plus on remarque
dans l'égyptien une tournure de phrase concrète et se rappro-
chant de l'esprit général des langues de cette famille.

La différence s'établit dans le jeu des temps et des modes
verbaux, et le dictionnaire présente également un caractère
tout spécial. On ne peut nier qu'une partie des radicaux égyptiens n'appartienne encore au type syro-araméen, tandis qu'on
en retrouve un nombre assez considérable dans les idiomes
ariens. Toutefois une troisième portion du dictionnaire conserve une physionomie propre et séparée; en sorte que, s'il y
a un rapport de souche évident entre la langue de l'Égypte et
celles de l'Asie, ce rapport est cependant assez éloigné pour laisser au peuple qui nous occupe une physionomie très-distincte.

Les souvenirs vraiment historiques de l'Égypte sont muets

sur la question d'origine. Les témoignages grecs qui indique-
raient une origine éthiopienne ne pourraient être allégués
qu'avec bien des restrictions. Les Éthiopiens eux-mêmes, ou
le peuple de *Kusch*, se relient d'ailleurs directement aux Cha-
mites de l'Asie méridionale, et nous ne pourrions accepter la
donnée d'une origine éthiopienne pour la civilisation de
l'Égypte que dans ce sens, qu'une portion des familles voisines,
faisant partie de ces deux races, serait arrivée en même temps
en Afrique par l'isthme de Suez, par les côtes de la mer Rouge,
ou même par le détroit de Bab-el-Mandeb.

Mais, à défaut de l'histoire, il existe quelques souvenirs
d'origine égyptienne qu'il ne faut pas négliger et qu'il est intéressant de comparer avec les traditions des nations voisines,
consignées dans le x⁰ chapitre de la Genèse. On sait que la
famille de Cham y est divisée en quatre rameaux : (chap. x,
v. 6) « Les fils de Cham furent *Kusch* et *Mitsraïm* et *Phuth* et
« *Canaan*. » Kusch est, pour les Égyptiens comme pour les Hébreux, le nom de la race éthiopienne. Canaan n'était pas employé dans les textes hiéroglyphiques pour désigner les races
de la Palestine en général. On n'y trouve le mot que comme
nom spécial d'une localité dans ce pays, que les Égyptiens
connaissaient sous d'autres noms. Phuth a été l'objet de beaucoup de controverses, ce qui ne nous empêchera pas de proposer une nouvelle conjecture, parce qu'elle est fondée sur la
détermination toute récente du véritable nom appliqué par les
Égyptiens à l'Arabie primitive, c'est-à-dire 𓂋𓈖 *Punt* [1].

---

[1] Conf. Brugsch, *Géographie*, t. II, p. 14.

Parmi les hommes de ce pays, on en voit plusieurs, sur les
monuments, qui sont peints d'une couleur rouge et absolument semblables aux Égyptiens; mais on y rencontre aussi des
hommes très-bruns et même des nègres. La gomme, ◂𓎛𓏭𓏭𓊗
kami, est le trait le plus caractéristique de leurs productions.
On remarque dans l'orthographe comparée de certains noms
propres, qui ont été connus par les Hébreux et par les Égyptiens, que ces derniers ajoutent fréquemment une nasale à la
voyelle tonique. L'exemple le plus éclatant se trouve dans le
nom du roi ⟨𓈙𓈙⟩ *Šešonk*, le *Schischaq* de la Bible. Je suis
donc très-porté à reconnaître le *Phuth*, frère de *Kusch* et de
Mitsraïm, dans ces Arabes primitifs que les Égyptiens connaissaient sous le nom de *Punt*.

Cette position première de la race de *Phuth*, en Arabie, ne
s'oppose d'ailleurs en aucune façon à ce qu'elle ait jeté divers
essaims sur les côtes africaines. Il est à noter que les Égyptiens
attribuaient la souveraineté divine des *Punt* à leur déesse *Hathor*, dont le culte était aussi établi au mont Sinaï, comme nous
le verrons tout à l'heure.

Quant au nom de *Mitsraïm*, dont la forme grammaticale au
duel est si conforme à celle des nombreuses dénominations na-
tionales, il ne s'est pas retrouvé, jusqu'ici, en Égypte. Mais je
ne m'étonne pas de voir ce nom, que les langues syriennes
et assyriennes appliquent constamment aux Égyptiens, refusé
par un peuple aussi exclusif. En effet, il comprenait originairement plusieurs autres nations. Le 13ᵉ verset du même chapitre x
de la Genèse énumère, parmi les fils de *Mitsraïm*, les *Lehabim*

reconnus avec toute probabilité pour les Libyens (les *Luba* des Égyptiens[1]); les *Chasluhim*, qu'on ne sait trop où placer jusqu'ici; les *Caphtorim*, où l'on paraît s'accorder à reconnaître les Crétois, et les *Pelisthim* ou Philistins. Il est donc certain que la race à laquelle les livres hébreux appliquaient le nom de Mitsraïm s'étendait bien au delà de l'Égypte, ce qui fait comprendre comment ce nom n'était pas en usage dans la vallée du Nil.

Mais à côté de ceux que nous venons d'éliminer, il nous reste encore quatre fils de Mitsraïm, ou plutôt quatre familles de cette race, dont nous croyons qu'on peut trouver la véritable place en Égypte. Ce sont : les *Ludim*, les *Anamim*, les *Patrusim* et les *Naphtuhim*. Le fils aîné de Mitsraïm est représenté par le mot *Ludim*. Il faut d'abord écarter la terminaison du pluriel *im*. Elle est seulement utile pour témoigner de l'esprit qui a présidé à la composition de ces noms, où l'on a voulu clairement indiquer des peuples et non de simples individus. Le nom de *Lud* peut être identique avec celui que les Égyptiens s'appliquent à eux-mêmes, dans le célèbre tableau des races, c'est-à-dire *Rut*[2], qui pour eux signifiait l'*homme* par excellence; c'est ainsi que le mot biblique *Lud* se serait transcrit régulièrement en égyptien.

La seconde famille est nommée *Anamim;* je la compare à un peuple nommé *Anu*, qui a certainement occupé une partie

[1] Conf. Brugsch, *Géographie*, t. II, p. 79.

[2] ⟨hieroglyphs⟩ *Rut*. Les Égyptiens écrivaient *r* et *l* par le même caractère. La distinction entre le *t* et le *d* n'existait pas non plus dans leur alphabet antique; ce n'est qu'à la xixᵉ dynastie, et encore sans régularité, que leurs transcriptions des mots syriens paraissent parfois indiquer cette distinction.

de la vallée du Nil depuis la plus haute antiquité. Il a donné
son nom d'*An*[1] à Héliopolis dans la basse Égypte, à Dendérah et à Hermonthis[2] dans la Thébaïde. Les *Anu* étaient
répandus jusqu'en Nubie, où ils luttèrent plusieurs fois contre
les pharaons[3]. Ils avaient également occupé des points importants de la presqu'île du Sinaï, car ce sont encore des *Anu*
que les pharaons de la IVᵉ dynastie eurent à combattre, lorsqu'ils voulurent occuper les mines de cuivre d'Ouadi-Magarah.
Il ne sera pas inutile, pour fortifier le rapprochement qui résulte des noms, de remarquer que la déesse Hathor, qui occupait un rang élevé dans le culte de Dendérah et d'*An*-Hélio-
polis, était aussi la divinité locale vénérée à Ouadi-Magarah,
dans l'établissement fondé, après la victoire du roi *Snefru*, sur
le territoire des *Anu* du Sinaï. Je n'hésite donc pas, quant à
moi, à voir dans les *Anu* une race qui n'avait conservé son
nom propre, comme peuple, qu'en dehors de l'unité égyptienne, mais qui avait dû contribuer largement à la population
primitive de la vallée du Nil. Le nom des *Anam*, qui n'en
diffère que par l'addition d'un *m*, me paraît pouvoir être
rapproché de ce groupe important[4], ainsi reconstitué.

---

[1] Héliopolis. Les preuves de la lecture *an* pour le signe ⌡ ont été données
par M. Brugsch, *Géographie*, I, 170. Le
même signe sert aussi à écrire le nom de
Dendérah.

[2] *An-res* ou *An* du midi.

[3] *An-u Kens.* (Brugsch,
Géographie, t. II, 5, 6, 11.)

[4] La Bible écrit, il est vrai, le nom

d'Héliopolis אוֹן, par un א, et *Anamim*,
par un ע. La langue égyptienne n'avait
pas l'articulation ע; on remarque néanmoins que les écrivains bibliques ont employé cette lettre avec une certaine liberté
dans leurs transcriptions de noms égyptiens, tels, par exemple, que celui de
Ramsès; cette différence d'orthographe ne
nous paraît donc pas une objection contre
notre conjecture.

Le nom des *Patrusim*, פַּתְרֻסִים, est évidemment formé avec
le mot *Patros*, פַּתְרוֹס, où l'on a reconnu depuis longtemps
p-to-res, « le pays du midi, » la Thébaïde.

Il nous reste les *Naphtuhim*, נַפְתֻּחִים, mot que l'exemple des
Patrusim nous autorise bien à décomposer. Il est impossible
de ne pas y remarquer les éléments du nom de *Ptah*, le grand
dieu memphite [1] ; or *na-Ptah* peut s'interpréter facilement
par « ceux de Ptah, » *na-Ptah*, ou mieux encore par « la ville
« de Ptah, » *nu-Ptah*. La Bible nous fournit elle-même un
nom parallèle pour la ville de Thèbes, נֹא־אָמוֹן ; en égyptien,
⊙ 𓏺 𓈖 *nu-Amen*, ou « la ville d'Amon. » Les *Naphtuhim* seront de même les gens de la ville de Ptah, les Memphites..

Telle est l'idée que les peuples les plus familiers avec
l'Égypte se faisaient de ses origines; on voit qu'ils reconnaissaient un lien de parenté entre les races égyptiennes et plusieurs de leurs voisins, parmi lesquels *Canaan* était reconnu
comme frère de *Mitsraïm*.

Il est nécessaire d'examiner la contre-partie, c'est-à-dire
l'opinion que les Égyptiens avaient conçue, de leur côté, sur
l'origine des populations qui les touchaient de plus près. Nous
avons, à cet égard, un document des plus curieux dans les
légendes qui accompagnent le célèbre tableau des quatre
races, sculpté dans le tombeau de Séti Ier. Si la génération des

---

[1] Les transcriptions phéniciennes montrent 𓏺 𓈖 Ptah égal à פתח, d'après l'é-
quation ordinaire de 𓈖 = ח. La racine
patah est commune à l'égyptien et à la
langue hébraïque; les deux acceptions
d'ouvrir et de sculpter se retrouvent même
dans les deux idiomes.

Égyptiens, des *Rut*, est attribuée au dieu *Ra*, le soleil, celle des *Amu*[1], nom générique des races syro-araméennes dans les hiéroglyphes, est attribuée à la déesse *Paχt*, fille du soleil. Or, quoique l'on trouve le culte de *Paχt* dans différentes localités, il n'en est pas moins vrai que son rôle principal est à Memphis, où elle portait le titre de « la grande amante de Ptah [2]. » Sous le nom de *Bast*, qui désignait sa forme gracieuse, pacifique, elle était adorée à Bubastis, à qui elle avait donné son nom. En constatant que les Égyptiens la reconnaissaient comme la mère commune des *Amu*, on est entraîné bien naturellement à penser qu'ils voulaient rappeler par cette filiation une parenté originelle entre ces peuples et ceux de la basse Égypte, chez lesquels le culte de *Paχt*[3] était plus particulièrement en honneur.

On arrive à une conséquence toute semblable en fixant son attention sur le culte du dieu *Set* ou Typhon. Nous avons pu nous assurer, dans les tombeaux de Gizeh et de Sakkarah, que l'adversaire d'Osiris était connu dans le Delta, depuis l'époque la plus reculée, et qu'il était dès lors le représentant de la souveraineté de la basse Égypte[4], par opposition avec Horus, qui personnifiait la royauté de la haute Égypte. Or ce per-

---

[1] ⟨hieroglyphs⟩ *amu*, rapproché avec probabilité, par M. Brugsch, de ‬עם, *populus*, et du copte ⲃⲟⲩⲉ, *Bubulcus*.

[2] ⟨hieroglyphs⟩ *aa meri Ptah*.

[3] Cette parenté originelle peut bien être pour quelque chose dans les noms tout araméens que portent les souverains de la dynastie bubastite.

[4] Ces faits seront détaillés dans l'étude des monuments de la IVe dynastie; ils suffisent pour dissiper les doutes émis tout récemment sur l'existence du dieu *Set* dans l'ancien empire. (Voyez Chabas, *Mélanges, etc.* 1864, p. 190.)

sonnage mythologique était identifié, par les Égyptiens eux-
mêmes, avec le dieu principal de la grande nation syrienne
des *Chétas*, qui est représenté, dans les inscriptions, avec le
même animal symbolique : les Égyptiens le nomment sur
leurs monuments *Set* ou *Suteχ* et *Baal*[1]. Dans le traité conclu
par Ramsès II avec le prince Chéta, on énumère une quantité de villes asiatiques dont ce personnage divin était le dieu
principal.

D'un autre côté, l'étude des monuments de Tanis n'a fait
que confirmer un fait capital, que le témoignage formel du
papyrus Sallier n° 2 m'avait déjà permis d'établir, à savoir que
le même *Set*[2] ou *Suteχ* était le dieu principal de la nation des
Pasteurs, lesquels arrivaient des environs de la Palestine, puisque leur invasion s'était effectuée par la basse Égypte. L'identité fondamentale de religion, d'une part entre les Pasteurs
et les Chétas, et, d'autre part, certaines populations égyptiennes du Delta, est, à nos yeux, un trait caractéristique,
surtout depuis que nos dernières recherches nous ont prouvé

---

[1] *Baar*, à cause de la confusion du *r* et du *l*.

[2] La lecture *Suteχ*, pour le nom écrit
, a donné lieu à des objections; je
pense néanmoins qu'on doit la conserver,
et que c'était une variante dialectique. En
effet ⊖ fait partie de l'alphabet simple,
et on ne l'a jamais signalé comme idéographique dans un autre groupe que celui-ci; je crois donc qu'il y doit être transcrit χ, comme à l'ordinaire. Quant au nom
de la forme *set* , il me semble pouvoir être rapproché des שֵׁדִים du Deuté-
ronome (xxxii, 17). De la racine שׁוּד, qui
exprime d'abord la puissance et puis la
violence et la dévastation, dérive le nom
du Tout-Puissant, שַׁדַּי, d'un côté, et, de
l'autre, celui des שֵׁדִים, qui signifie les
puissants, les seigneurs; lesquels deviennent ensuite de faux dieux et des démons
comme les בְּעָלִים; c'est ce qu'explique
bien Gesenius au mot שֵׁדִים. La racine
שׁוּד שׁוּר convient merveilleusement au
caractère de *Set*, dieu de la puissance ou
de la dévastation, suivant l'aspect sous lequel on voulait le considérer.

que le grand rôle de Set était aussi ancien que la monarchie égyptienne.

Si nous voulons rassembler ces premiers documents, nous nous convaincrons que l'étude comparative des formes du langage de l'ancienne Égypte, ses mythes sur la naissance des Asiatiques, les traditions sacrées d'un peuple voisin, et la constatation d'une même religion, commune dès l'origine à certains peuples de la Syrie et du Delta [1], tout nous ramène vers la parenté primitive de Mitsraïm et de Canaan, parenté que divers traits nous signalent également entre ces deux peuples et leurs voisins arabes, libyens et éthiopiens.

J'ai voulu, quel qu'en fût le danger, essayer de répondre à ces questions d'origine, où l'on n'a d'autre espoir que celui d'entrevoir le but à travers les douteuses clartés des conjectures; mais j'ai hâte d'abandonner ce terrain peu solide et d'entrer dans l'histoire, où notre premier point d'appui sera la plus colossale des merveilles du monde, à savoir la grande pyramide de Gizeh.

---

[1] Je n'ose pas faire entrer en ligne de compte le culte d'Osiris, établi chez les Giblites et les Phéniciens, parce que la domination égyptienne sur ces contrées, depuis l'époque de Toutmès Ier, suffit pour expliquer son introduction. Il n'y aurait cependant rien d'étonnant à ce que le rapport fût bien plus ancien. Quand on retrouve le personnage de Typhon vénéré comme dieu originaire chez les Pasteurs et les Chétas, la critique la plus sévère permettrait bien de rechercher Osiris, son antagoniste, chez des populations voisines; mais ici les monuments anciens nous font défaut. La tradition qui donnait un rôle important à Byblos dans la légende d'Osiris ne pourrait prendre une couleur sérieuse que si on la retrouvait dans un texte égyptien des temps pharaoniques. Les documents alexandrins ne suffisent pas ici.

§ II.

MONUMENTS DES QUATRE PREMIÈRES DYNASTIES.

Nous assistions tout à l'heure, du moins dans notre pensée, à l'enfantement de la nation égyptienne; nous devons maintenant chercher à comprendre comment il arrive que nous ayons tout à coup devant les yeux le peuple géant qui taillait le grand sphinx et qui bâtissait les pyramides.

La véritable histoire commence en Égypte avec Ménès[1]; pour rester fidèle au plan que nous nous sommes tracé, nous ne reviendrons pas ici sur les faits qui établissent le caractère vraiment historique de cette grande figure; c'est un des mérites les plus assurés de l'ouvrage de M. de Bunsen[2], que d'en avoir parfaitement discuté les preuves. Les témoignages des Égyptiens sur leurs monuments s'accordent d'ailleurs exactement avec tous les historiens pour reconnaître à Ménès l'honneur d'ouvrir la série des pharaons. Ce personnage provenait de la ville de *This* ou *Thinis* (en égyptien *Teni*[3]), capitale du nome d'Abydos. Ce n'est point un étranger qui arrive en Égypte à la tête d'une émigration, c'est un chef indigène qui parvient à réunir en une seule nation toutes les tribus qui peuplaient

---

[1] Des personnages humains plus anciens que Ménès sont cités dans le fragment du papyrus de Turin qui résume les temps divins. Leur nom se lit : 𓀀𓏤𓏤 *Hor-iesu*. Je le trouve également relaté dans une inscription de Toutmès Ier, comme le terme de la plus haute antiquité connue : 𓀀𓏤𓏤 *ter Horiesu*, depuis *Horiesu*. (Voy. Lepsius, *Denkmäler*, III, 5, a.)

[2] *Ægyptens Stelle*, t. II, p. 38.

[3] 𓏤𓏤𓊖 Voyez Brugsch, *Géogr.* t. I, p. 206. Il suit de là que *Thinis* est la forme la plus régulière.

la vallée du Nil, et auxquelles la tradition attribuait même des dynasties spéciales. Il ne faudra pas oublier l'existence de cette première période historique, dont les faits nous sont inconnus, quand nous étudierons la civilisation des premières dynasties. Les rois de la famille de Ménès n'apparaissent que dans les souvenirs de leurs successeurs. Les monuments existants aujourd'hui n'appartiennent qu'à la IVᵉ dynastie, pour parler le langage des listes de Manéthon, seul guide un peu sérieux que les Grecs nous aient transmis pour nous aider dans l'étude de ces premières époques; mais il est nécessaire d'éclaircir tout d'abord ces listes extraites de l'historien national qui écrivait, dit on, sous Ptolémée Philadelphe, par leur comparaison avec les listes d'origine purement égyptienne.

On sait que le principal monument de ce genre consiste dans un papyrus du musée de Turin qui contenait une longue liste des rois d'Égypte, à partir des plus anciens temps. Cet admirable document est aujourd'hui déchiré en une multitude de fragments, dont l'ordre incertain et les nombreuses lacunes ont réduit au désespoir plus d'un investigateur.

Les séries des pharaons sculptées sur les murailles de la chambre des ancêtres de Karnak et du petit temple d'Abydos ont aussi apporté quelques lumières partielles sur les premières dynasties; mais il est exact de dire qu'aucun travail d'ensemble n'était abordable sur ce sujet, avant la découverte de la table de Sakkarah [1]. C'était une bonne fortune pour le succès

---

[1] Voyez la table de Sakkarah, article de M. Mariette, avec la reproduction du monument, dans la *Revue archéologique*, numéro de septembre 1864.

de notre recherche que d'être dirigé, dès notre premier pas
dans l'histoire, par un guide qui sortait si à propos des ruines
pour éclairer la marche des premiers pharaons. Sa valeur se
multiplie par celle des fragments du papyrus de Turin, auxquels il assigne une place certaine. Éclairant et contrôlant les
listes de Manéthon, ces deux documents réunis nous ont
amené tout d'abord à une découverte assez triste : à savoir que
les listes grecques diffèrent très-notablement des documents
égyptiens, et que la coupure même des familles royales y appartient à un système différent. La table de Sakkarah n'est
point, malheureusement, pas plus que celles de Karnak et
d'Abydos, une série strictement maintenue dans l'ordre des
temps; mais les rois déjà connus y sont rapportés en assez
grand nombre pour que nous puissions comprendre sa marche
et définir facilement les groupes qu'elle a formés [1]; notre interprétation ne diffère qu'en quelques points de celle qu'a donnée
M. Mariette [2]. Les dix-neuf premiers cartouches paraissent
d'ailleurs, presque sans exception, rangés dans l'ordre historique.

Les fouilles ordonnées sous nos yeux dans le grand temple
d'Abydos par M. Mariette, avec cette sûreté de coup d'œil qui
commande le succès, ont mis au jour, depuis notre départ
d'Égypte, une nouvelle liste de pharaons, plus complète et
plus importante qu'aucune de celles que nous possédions jusqu'ici. Le roi Séti Ier, accompagné de son fils Ramsès, y rend
hommage à soixante et seize souverains choisis parmi ses pré-

[1] Voyez la planche I. — [2] Voyez la *Revue archéologique*, septembre 1864.

décesseurs à partir de Ménès. Sur cette énorme liste, deux ou
trois noms seulement sont légèrement altérés. Une autre circonstance est plus précieuse encore : l'ordre des cartouches
s'est trouvé strictement historique partout où le contrôle des
monuments a permis une vérification. Nous pouvons donc
considérer la nouvelle table de Séti Ier comme exempte de ces
groupes artificiels et de ces allures irrégulières qui nous cau-
sent tant de soucis dans l'interprétation des listes de Karnak
et même de celle de Sakkarah. Ce même monument avait
sans doute servi de modèle à la table du petit temple d'Abydos
qui avait été dédiée par Ramsès II, et dont toute la première
partie a disparu. La nouvelle table débute, au contraire, par
un bienfait inappréciable en nous rendant les premiers successeurs de Ménès[1].

En parcourant des yeux le tableau suivant, on aperçoit du
premier coup d'œil en quoi diffère des listes de Manéthon ce
qu'on peut appeler maintenant le *système* du papyrus de Turin
éclairé par les monuments. Ce document divisait, comme les
listes grecques, les pharaons en familles; une *rubrique* et une
formule particulière indiquaient le changement de dynastie;
quelquefois même la fin d'une de ces divisions était suivie d'une
récapitulation chronologique depuis le dernier roi nommé,
jusqu'à Ménès.

---

[1] Voyez la planche II, reproduisant la
table de Séti Ier, d'après le dessin de M. Dümichen, publié par M. Lepsius. (Voyez
Zeitschrift für ægyptische Sprache, etc.
octobre 1864.) M. Dümichen, qui a vu le
premier ce monument, en a publié une
interprétation sommaire dans le même
numéro. Nous devons quelques rectifica-
tions de notre planche à des notes prises
par M. Devéria dans son dernier voyage.

C'est ainsi qu'on a pu reconnaître avec certitude une concordance parfaite du papyrus avec le texte actuel de Manéthon, pour la coupure qui suit la fin de la v⁰ dynastie. La xii⁰
commence et finit également en parfaite concordance dans
les listes, les monuments et le papyrus. Les quatre premières
dynasties présentent, au contraire, des différences fondamen-
tales. Ces différences sont assez considérables pour qu'on se
demande tout d'abord si la iii⁰ dynastie de Manéthon est omise
tout entière dans le papyrus et dans les tables hiéroglyphiques, ou bien si elle ne proviendrait pas plutôt, dans les
listes grecques, d'un dédoublement des familles royales com-
pliqué de nombreuses fautes de transcription introduites par
les copistes; il est nécessaire d'étudier de plus près le tableau
comparatif de ces documents pour apprécier cette grave difficulté.

		MANÉTHON DANS L'AFRICAIN.	FRAGMENTS DU PAPYRUS DE TURIN.	TABLE DE SÉTI Iᵉʳ.	TABLE DU SAKKARAH.	MONUMENTS DIVERS.
Iᵉ D.						
1	1	Ménès.	{ Mena.	1 Mena.	....	Mena.
2	2	Athothis.	....a.	2 Teta.	....	Teta.
3	3	Kenkénès.		3 Ateta.	....	
4	4	Ouénéphès.	....a.	4 Ata.	....	
5	5	Oussaphaidos.	T'at'a-ti.	5 T'at'a-ti.	....	T'at'a-ti.
6	6	Miébidos.	Merihipen.	6 Meribipu.	1 Meribipen.	
7	7	Sémempsès.	.....?	7 (Ati?).	"	
8	8	Biéuéchès.	....buhu.	8 Kabuhu.	2 Kabuhu.	
IIᵉ D.						
9	1	Boéthos.	....biu.	9 But'au.	3 Neterbiu.	
10	2	Kaïéchos.	....ka.	10 Kakau.	4 Kakau.	
11	3	Binothris.	....nuter.	11 Binnuter.	5 Binuteru.	
12	4	Tlas.	.......s.	12 Ut'nas.	6 Ut'nas.	
13	5	Séthénès.	Senta.	13 Senta.	7 Senta.	Senta.
14	6	Chaïrès.	(Nefer?) ka.	"	"	
15	7	Népherchérès.	....	"	8 Nefer ka ra.	
16	8	Sésochris.	Nefer ka Sakru.	"	9 Sakru nefer ka	
17	9	Chénérès.	(Hu?) t'efa.	"	10 ....t'efa.	
IIIᵉ D.						
18	1	Néchérophès.	Beb...	14 (T'et'i?).	11 Bebi.	
19	2	Tosorthros.	Neb ka.	15 Neb ka.	"	Neb ka.
			Rubrique dans le Papyrus.			
20	3	Tyris.	Sar.	16 ...Sar sa.	12 Sar.	Sar.
21	4	Mésochris.	Sar teta.	17 Teta.	13 Sar teta.	
22	5	Souphis.	(N° 32.... t'efa?)	18 Set'es.	"	
23	6	Tosertasis.	....	19 Neferkara.	"	
24	7	Achès.	....	"	14 Ra neb ka.	Ra neb ka.
25	8	Séphouris.	{ Hu.....	"	15 Huni.	Huni.
26	9	Kerphérès.	{ Snefru.	20 Snefru.	16 Snefru.	Snefru.
IVᵉ D.						
27	1	Soris.				
28	2	Souphis.		21 Xufu.	17 Xufuf.	Xufu.
29	3	Souphis II.		22 Ratutf.	18 Ratutf.	Ratutf.
30	4	Menchérès.		23 Šafra.	19 Šaufra.	Šafra.
31	5	Ratoisès.		24 Menkaura.	20 (détruit).	Menkaura.
32	6	Bichéris.	....	25 Aseskaf.	21 (détruit).	Aseskaf.
33	7	Séberchérès.	....	Rien.	Rien.	Rien.
34	8	Tamphthis.	....			

2

La table de Séti Ier ne renferme que soixante et seize cartouches, et la table de Memphis n'a contenu que cinquante et
quelques noms; on avait donc fait un choix. De larges lacunes
étaient nécessaires et intentionnelles; mais, avec cette restric-
tion, les deux tables se montrent dans un accord parfait avec le
papyrus de Turin, et l'autorité de ces trois documents réunis
devient incontestable. Une coupure avait-elle été indiquée dans
le fragment du papyrus qui nous manque, au commencement
de la première dynastie, entre *Mena* (Ménès)[1] et *Tatati?* Cela
paraît bien peu probable. Quel que soit le motif qui ait pu
porter le prêtre *Tunra*, auteur de la table de Sakkarah, à placer
le roi *Meri-bi-pen* (Miébidos) à la tête des ancêtres royaux auxquels il adressait ses hommages, il est certain, par le fragment
n° 20 du papyrus, que ce pharaon n'était pas chef de dynastie, et qu'il n'y avait également aucune division pour marquer,
dans ce document, l'introduction de la IIe dynastie de Manéthon, après le huitième roi. Tous les successeurs de Ménès,
jusqu'au roi *Sar,* étaient donc considérés, dans l'antiquité,
comme une seule famille royale. Le nombre de rois est à peu
près le même, et il n'y aurait là qu'une très-légère divergence
entre les monuments et les listes, puisqu'elles indiquent de
leur côté une commune origine aux deux premières familles,
en leur donnant le nom de *Thinite.* Mais, quand on descend aux

---

[1] Les traces qui subsistent dans le papyrus, après Ménès, ne suffisent plus pour
retrouver le cartouche d'Athothis; sa lecture ne reposait que sur le témoignage de
Champollion, qui a vu le papyrus un peu
moins mutilé qu'il ne l'est aujourd'hui.
Ces traces ne se concilient pas non plus
très-facilement avec le cartouche de *Teta,*
deuxième roi de la table de Séti Ier. On y
retrouverait plutôt le nom *Atet.*

détails, on remarque, dans les premiers successeurs de Ménès, une différence énorme entre les noms des listes grecques et ceux que nous donne la table de Séti réunie au papyrus Il n'y a pas ici de correction possible, ce sont d'autres mots. Je crois qu'on peut reconnaître l'origine de cette corruption du texte dans l'extrême similitude des quatre noms royaux *Teta, Ateta, Ata* et *Tata-ti;* elle a pu très-facilement induire les copistes à croire ici à des répétitions ou à des erreurs. Mais, d'où sont tirés les noms de Kenkénès, Ouénéphès et Ousaphaidos? Ces noms auraient-ils été copiés dans d'autres listes et appartiendraient-ils aux mêmes rois? La chose est possible, car nous allons tout à l'heure constater l'existence des doubles noms chez certains pharaons, dès la plus haute antiquité. Ces noms, qui ont bien la tournure égyptienne, proviennent-ils, au contraire, d'une confusion qui les aurait simplement transportés hors de leur place véritable? On peut le soutenir avec de bonnes raisons, au moins pour Ousaphaidos; il serait difficile de ne pas identifier ce nom avec le cartouche *Hu-t'efau* qui occupe le dix-septième rang dans la série, vis-à-vis d'un Chénérès, avec lequel il n'a aucune ressemblance [1].

La liste d'Ératosthène, en nous conservant les noms de deux Athothis successifs immédiatement après Ménès, atteste qu'il y avait plusieurs traditions différentes, ce que la variété des tables pharaoniques sculptées sur les monuments nous explique suffisamment. La liste d'Ératosthène est plus exacte en cet endroit qu'aucun des extraits de Manéthon.

---

[1] Voyez l'appendice A, pour Ousaphaïdos.

L'accord parfait des deux sortes de documents se rétablit au sixième roi, Miébidos, dont le nom égyptien se lit *Meribipen*[1].

Sémempsès, qui occupe le septième rang dans Manéthon,

se trouve, dans la table, en face d'un cartouche rempli seulement par la figure d'un homme debout, et, autant que le dessin permet d'en juger, figuré comme le sont ordinairement les chefs, mais avec le sceptre divin. Ce signe est un polyphone, et le cartouche à moitié détruit qui lui correspond dans le papyrus de Turin ne tranche pas la question de sa prononciation; il me semble cependant y reconnaître les traces du mot  *Ati*, dont l'expression phonétique pourrait ici convenir[2].

Le nom du huitième roi, Biénéchès, est assez éloigné du véritable son du cartouche *Kabuha;* malgré son altération, il nous semble qu'il en conserve encore quelques traces.

C'est au neuvième pharaon que Manéthon commence sa IIe dynastie; les noms y sont beaucoup moins altérés et le grand fragment n° 20 du papyrus de Turin nous apporte ici un élément de critique d'une incontestable autorité[3]. Le premier

[1] La liste de Séti, telle qu'elle a été publiée, remplace, dans le cartouche, le signe *bi* par *hem*. La faute, si c'en est une, devrait être attribuée au graveur égyptien lui-même. L'orthographe du papyrus assure l'exactitude du signe *bi* de la liste de Sakkarah. Mais il est à remarquer que le signe peut également recevoir la valeur *ba;* c'est ainsi qu'il se prononce quand il désigne le produit des mines.

[2] Voyez la planche II, n° 7, où le personnage a été corrigé d'après un croquis de M. Devéria. Si le nom *Sémempsès* était à sa place réelle, il pourrait être rapproché du mot *semes*, qui sert aussi de prononciation à l'homme debout, tenant le bâton.

[3] Voyez la planche III, n° 20.

nom, Boéthos, est une transcription presque parfaite du neuvième cartouche de la table de Séti Ier, *Butau* [1], et les

quatre noms suivants sont presque aussi fidèlement conservés, comme nous le verrons tout à l'heure. Mais il se
présente ici un fait embarrassant : au lieu de *Butau*, la
table de Sakkarah place au même endroit un cartouche
qui se lit *Nuter-biu*, et le papyrus de Turin a conservé

la moitié de ce même cartouche. S'agit-il d'un pharaon
différent de *Butau*, ou simplement d'un second nom du
même pharaon? Cette seconde hypothèse me paraît infiniment
plus probable, lorsqu'on réfléchit au caractère du papyrus. On
se rappelle qu'il entrait dans le plan de sa rédaction de donner
les nombres des rois et les totaux des années, depuis certaines
coupures historiques, en remontant jusqu'à Ménès. Il devait
donc être complet, et rien, jusqu'ici, n'autorise à penser qu'il
ait fait quelque coupure analogue à celles des tables royales.
Neter-bia doit donc très-probablement être considéré comme
un nom royal pris par *Butau* (Boéthos) à son avénement à la
couronne.

Le dixième nom, Kaiéchos, est une transcription, aussi
exacte qu'on pouvait l'attendre d'un Grec, du nom égyptien
Kakau.

Le papyrus de Turin nous montre, à la fin de ce nom, le

---

[1] Ce rapport de noms a été signalé
immédiatement par M. Dümichen.
Le cartouche de *But'au* se termine
par une sorte de pièce de bois qui
figure, au chapitre xcix du Rituel,
parmi les parties de la barque sacrée (voy.
Todtenbuch, xcix, 13); le nom du même
objet est écrit en cet endroit ПІ⅄℥
butau, suivi du caractère ᶜᵒ, qui est le
déterminatif générique des objets en bois.

déterminatif *taureau*[1]. Sa signification est en effet « le
« mâle des mâles; » il rappelle immédiatement à l'esprit
le taureau divin du chapitre CXLVIII du *Rituel funéraire*[2],
le mâle des sept vaches mystiques, qui est appelé *le géné-
rateur des mâles et des femelles*. La composition de ce nom sug-
gère encore un autre rapprochement, qui n'est certainement
pas fortuit. C'est sous le règne de Kaiéchos, au témoignage de
Manéthon, que fut introduit le culte des taureaux sacrés. Le
nom même du roi ne doit-il pas être considéré comme attestant le règne des idées symboliques qui ont présidé à cette
monstrueuse aberration de l'instinct religieux chez le peuple
égyptien?

Avec les taureaux Apis et Mnévis, le bouc de Mendès avait
été, à la même époque, élevé aux honneurs sacrés. Le nom
du successeur de Kaiéchos peut, à son tour, être considéré
comme une médaille commémorative de cet événement. Bi-
nothris est encore une transcription très-fidèle du cartouche

Bi-n-nuter, dont le sens est très-clair : « l'esprit du dieu. »
Le symbolisme varie entre le bouc et le bélier pour cette
expression. La variante de la liste de Séti Ier introduit
le bélier lui-même dans le cartouche de ce roi.

Le nom de son successeur, *Ut'nas*, nous est conservé dans
deux variantes qui s'expliquent et se confirment mutuelle-
ment : ⬚ à Sakkarah, ⬚ à Abydos, les deux
lettres ⬚ *n s*, remplaçant le signe idéographique ⬚ de

---

[1] Voyez la planche III, n° 21. — [2] Voyez *Todtenbuch*, chap. CXLVIII, vignette.

la première variante. *Ut'nas* est plus exactement transcrit dans le mot Tlas qu'on ne pourrait le croire au premier abord. En effet, il est composé avec le mot ⌐⌐ *nas*, qui signifie *langue*, et qui est devenu en copte ⲗⲁⲥ (*lingua*), le *n* s'étant adouci en *l* dans ce mot et dans plusieurs autres. Il n'est donc pas besoin, pour identifier ces deux noms, de recourir à la trop facile correction du Ν en Λ; la prononciation vulgaire peut suffire pour expliquer la leçon *Tlas*.

Le cartouche de *Senta*, assez bien conservé dans le grec Séthénès, se retrouve dans toutes les listes[1]; il complète l'accord entre les tables et Manéthon, qui se suivent ainsi fidèlement jusqu'au treizième pharaon. Sur ces treize noms, neuf sont reconnaissables et tous ont conservé leur rang respectif. Mais la liste de Séti Ier, complète jusqu'ici, va commencer les coupures qui lui étaient nécessaires; trois ou quatre noms manquent après *Senta*. Heureusement le fragment n° 18 du papyrus et la table de Sakkarah viennent combler cette lacune. Le cartouche qui suit *Senta* dans le papyrus laisse quelque doute, parce que le premier signe est mal tracé[2]; doit-on l'identifier avec le cartouche *Nefer-ka-ra* ⬭ qui suit *Senta* dans la table de Sakkarah? Faut-il, au contraire, le transcrire ⬭ *Xemka?* C'est ce que je n'oserais pas décider. La liste de Manéthon, fidèle jusqu'ici quant au chiffre ordinal des

---

[1] La forme ⬭ de la table de Sakkarah et du papyrus était déjà connue par les monuments; la liste de Séti Ier, qui se sert beaucoup plus fréquemment de l'alphabet simple, apporte la variante *senta*, déjà connue aussi comme équivalente en son à l'oie préparée ⬭.

[2] Voyez la planche III, n° 19 La lecture *nefer* me semble la plus probable.

pharaons, insère Chairès entre Séthénès et Népherkérès, et
peut nous engager à compter ici deux cartouches.

Avec le fragment n° 18 recommence l'accord du papyrus
et des deux tables réunies [1]. *Nefer-ka-sakru* est un cartouche
extrêmement précieux par sa double orthographe; l'écriture
hiératique du papyrus a remis à la fin du nom l'élément divin
Sakru (Sakar-Osiris), qui, dans la table de Memphis, occupe la
place d'honneur en tête du cartouche *Sakru-nefer-ka* [2]. On comprend facilement la transcription Sésochris; le copiste aura
pris le mot *nefer,* qui devait commencer le nom, pour une répétition fautive du nom précédent Népherchérès.

Chairès est peut-être une interpolation, et Chénérès, qui
termine la dynastie, peut répondre au cartouche *Neb-ka*. Mais
Bebi [3] n'apparaît en aucune façon dans les listes grecques, et le
cartouche *Ha-t'efaa* [4] ressemble beaucoup à Ousaphaidos, qui
est probablement transporté hors de sa place, au cinquième
rang de la 1ʳᵉ dynastie, avant *Mcribi-pen,* ainsi que nous l'avons

---

[1] Voyez la planche III, n° 18.

 [2] C'est une application nouvelle et très-décisive de cette
règle d'inversion, qui a permis
d'identifier les noms de tant de
pharaons avec leurs transcriptions dans Manéthon.

[3] En comparant les deux cartouches
des deux tables :

 et

on est amené à penser que l'un n'est que la
transcription fautive de l'autre. Le papyrus
de Turin semble confirmer l'exactitude du
cartouche de Sakkarah : c'est pourquoi je
transcris *Bebi.* (Voy. la pl. III, n° 18.)

[4] Voyez la planche III, n° 18, 2° cartouche. Le tracé des signes hiératiques
du papyrus de Turin s'éloigne un peu
des formes ordinaires, ce qui me laisse
des doutes sur la lecture de la première
partie de ce nom royal; après un examen
très-attentif, je ne vois de possible, pour
cette partie du cartouche, que les deux
mots *ha* ou *uah.*

déjà fait observer. En somme, la II⁰ dynastie, ou, pour mieux dire, la seconde division de la famille thinite, se montre ici comme un des meilleurs fragments de Manéthon; mais la liste de la première semble avoir été plus altérée.

Après Sésochris, qui correspond à *Nefer-ka-Sakra,* le désaccord entre les listes et les monuments devient bien plus tranché. Une famille spéciale, correspondant à la III⁰ dynastie, était-elle complétement supprimée dans le papyrus de Turin? Il serait impossible de l'affirmer, parce qu'il existe une lacune après les cartouches de *Sar* et *Sar-teti.* La table de Mémphis, ne pouvant contenir qu'un choix restreint, ne nous autorise pas non plus à le décider. Cette manière de voir paraîtra cependant la plus vraisemblable, si l'on observe que, depuis *Meri-bi-pen* jusqu'au roi *Sar,* la réunion des deux tables s'est montrée presque aussi complète que les fragments du papyrus; il semblerait donc que les grandes coupures n'eussent commencé qu'après la VI⁰ dynastie.

Pour résumer ces notions, nous dirons que les Égyptiens de la XIX⁰ dynastie considéraient très-probablement la famille royale thinite comme un seul groupe, commençant à Ménès et finissant à *Neb-ka,* et que, sur une vingtaine de noms que pouvait comprendre cette famille, dix-huit nous sont maintenant connus dans leur forme originale et dans leur ordre de succession.

Nous restons, jusqu'ici, dans le doute sur la III⁰ dynastie de Manéthon et sur l'origine des matériaux qui la composent. Nous allons voir néanmoins que, suivant toute probabilité, les trois familles memphites de Manéthon n'en faisaient qu'une pour les auteurs du papyrus de Turin. Les prédécesseurs de *Souphis* vont, en effet, se classer, par l'accord de tous les monuments, de manière à enrichir singulièrement nos connaissances sur les rois memphites. La comparaison attentive des noms égyptiens avec ceux qui composent la iv° dynastie des listes expliquera peut-être l'origine de quelques-unes des différences. Nous verrons qu'un accord très-satisfaisant se rétablit avec Userchérès, le chef de la v° dynastie. Or, depuis *Userkaf,* qui correspond à ce nom, en remontant jusqu'au roi *Sar,* nous connaissons douze cartouches; mais je regarde comme très-probable que nous n'avons pas encore tous les noms royaux qui appartiennent à cette époque. Le chiffre des dix-sept rois qui composent la iii° et la iv° dynastie, dans l'Africain, peut être parfaitement exact. La table de Sakkarah a omis *Set'es* et *Neferkara;* la table de Séti I° a omis, à son tour, *Ra-neb-ka* et *Huni.* On remarque, en tête du fragment n° 34 du papyrus, des chiffres de règnes très-courts, qui peuvent appartenir à des rois de la iv° dynastie négligés par les tables. J'avais cru d'abord qu'en plaçant le sommet du fragment n° 32 en face du cartouche de *Sar* [1] on pouvait arriver à la solution de cette difficulté et calculer le nombre exact de ces rois; mais plusieurs objections matérielles, que nous discuterons plus loin, rendent cet arrangement douteux. Nous nous contenterons de remarquer, en ce moment, que ce fragment n° 32 contient la fin d'un cartouche ⬚ . . . . . . *t'efa* qui,

[1] Voyez la planche III, n° 32 et 34.

dans cette hypothèse, constituerait un roi nouveau à insérer après *Sar-teta*. Il se trouverait placé au même rang que Souphis, et le rapport des deux noms serait satisfaisant.

La perte absolue du fragment où devaient se trouver, dans le papyrus, les noms de Souphis et de Menkérès, nous autorise à supposer ici une lacune considérable.

Si nous retournons maintenant au personnage que le papyrus place, avec l'honneur d'une rubrique spéciale, en tête de cette division, le roi *Sar*, nous remarquerons que son cartouche, dans la table de Séti Ier, contient les restes d'un double nom *Sar...sa* [1]. Il en est de même de son successeur *Sar teta*, que la même table nomme simplement *Teta*. Ces faits pourraient donner quelque vraisemblance à la conjecture d'un double nom pour les rois suivants; on pourrait ainsi songer à identifier *Set'es* avec *Ranebka* et *Neferkara* avec *Huni*; mais nous devons nous borner ici à déplorer les

---

[1] D'après les notes de voyage de M. Devéria, la lacune en tête du cartouche est entièrement vide; M. Dümichen y indiquait un signe effacé. J'avais proposé, pour le signe 𝑋, la lecture *busa*, mais M. Brugsch a fait voir que le mot *busa* était très-probablement un composé *ba-sa*, en sorte que le signe en question devrait être transcrit seulement *sa*; son opinion me paraît bien fondée; néanmoins le caractère est certainement polyphone, car il figure avec la valeur *i*, au commencement du nom du décan *Šesmu*. Nous employons, pour le signe ⸱, la transcription *Sar*, parce que telle est la valeur la plus ordinaire de ce caractère. Nous ne devons pas cependant négliger de faire remarquer qu'on sait d'une manière certaine, tant par les diverses leçons du nom de la région funéraire, *To-ser* = *To-t'eser*, que par les variantes graphiques du nom de la liqueur *t'eser-t* (voy. Chabas, sur le nom de Thèbes), que ⸱ était un polyphone et qu'il admettait aussi le phonétique ⸱ *t'eser*. Les cartouches de nos deux pharaons seraient donc susceptibles d'une autre lecture, *Teser...sa* et *Teser teta*, en sorte qu'on pourrait être tenté d'y reconnaître les types des deux noms royaux, Tosorthros et Tosertasis, de la liste de l'Africain. (Voyez le tableau ci-dessus, p. 17.) La liste de la IIIe dynastie se prête, par son désordre, à diverses suppositions.

trop larges plaies du papyrus qui seul aurait pu trancher ces
difficiles questions, si nous l'avions possédé dans son inté-
grité.

Il est facile de s'expliquer la confusion qui a fait placer Soris
en tête de la ıv° dynastie, immédiatement avant Souphis. A
cette place se trouvait en réalité *Snefru*, mais, comme *Sar* était,
dans la véritable tradition, le chef de la famille memphite,
son nom aura été changé de place avec celui de *Snefra*, dont
le correspondant me paraît avoir été transporté dans la ıı° dynastie, sous la forme Séphouris. Il nous resterait à rendre
compte des trois derniers noms de la ıv° dynastie dans la liste
grecque : Bichéris, Séberchérès et Thamphthis. Ou bien il
faut reconnaître ici une nouvelle interpolation, ou ces personnages n'ont joué qu'un rôle insignifiant; car rien de semblable n'apparaît sur les monuments qui, pour les successeurs
de Souphis, deviennent très-nombreux. C'est tout ce que nous
pouvons dire au sujet de ces trois noms, que nous croyons,
quant à nous, être le fruit de quelque confusion.

On voit que les deux tables nouvelles nous ont rendu l'inappréciable service de mettre dans un ordre certain les premiers
fragments historiques du papyrus de Turin et de commencer
l'histoire avec une connaissance déjà fort étendue de la famille
de Ménès. Il est juste de reconnaître que l'ordre de ces fragments
avait, en général, été parfaitement deviné par M. Brugsch,
qui les avait presque tous classés dans son Histoire d'Égypte;
mais leur lecture n'est devenue correcte qu'avec le secours de
la table de Sakkarah.

Si la soudure entre le roi *Sar* et la famille de Souphis nous
laisse quelque chose à désirer, la succession redevient certaine
et complète avec le roi *Huni*. Il a été omis dans la table de
Séti Ier, mais trois documents précis et concordants nous le
montrent comme prédécesseur immédiat de *Snefru*. Le premier
est la table de Sakkarah, le second est le fragment n° 31 du
papyrus de Turin [1], où je reconnais d'une manière indubitable
le commencement des deux cartouches :

Un troisième témoignage est encore plus précis; le papyrus
Prisse contient, à la fin d'un premier traité, la mention suivante : « Voici que la majesté du roi *Huni* mourut et voici
« que la majesté du roi *Snefru* devint un roi bienfaisant pour
« le pays tout entier. » Le cartouche du papyrus Prisse, mal
lu jusqu'ici [2], doit être transcrit [figure] *Huni*, et s'identifie
d'une manière certaine avec le cartouche de la table de Sakkarah
[figure], dont il ne diffère que par l'addition du bras armé
de la massue, symbole de la force. On serait tenté de croire
qu'il y avait eu, au temps de ce prince, quelque division du
pouvoir. La phrase du papyrus Prisse pourrait le faire soup-

[1] Voyez planche III, n° 31.

[2] Sauf par M. Mariette, qui l'a bien reconnu. (V. la *Revue archéologique*, septembre 1864.) Le fragment n° 31 du papyrus
de Turin paraît avoir échappé, jusqu'ici,
aux recherches des égyptologues. L'addition du bras armé est un fait qui se reproduit plusieurs fois dans les variantes des
noms royaux. On peut citer, comme exemples, les noms des pharaons *Ahmes*, *Kames*.

çonner. En tout cas, le règne de *Snefru* y est introduit comme
un événement important. C'est ce que confirment les faits historiques. J'ai fait remarquer depuis longtemps que le plus
ancien monument connu jusqu'ici est le trophée de la campagne du roi *Snefru* contre les populations qui occupaient la
presqu'île du Sinaï.

En dehors des listes royales que nous venons d'analyser,
nous ne possédons d'autres souvenirs des premiers pharaons
que des mentions très-rares et dispersées sur des monuments
postérieurs. C'est ainsi que les noms de *Taťa-ti*, de *Senta* et
de *Sar*, nous étaient quelquefois apparus. Divers manuscrits
attribuent au règne de *Taťa-ti* l'invention de deux des principaux chapitres du *Rituel funéraire*[1]. Au temps du roi *Senta*
était reportée la trouvaille du livre médical du musée de Berlin.
Le culte commémoratif de quelques-uns de ces rois est également rappelé dans les listes des prêtres qui restèrent attachés
à leur mémoire jusqu'aux derniers temps de la monarchie. Le
musée du Louvre possède une stèle[2] provenant du Sérapéum,
et dont toute la valeur ne m'a été révélée que par l'apparition
de la table de Séti Ier; un certain *Unnofre*, qui était chargé

---

[1] (*Todtenbuch*, ch. LXIV et CXXX, appen-
dices.) Ce cartouche est écrit, dans le papyrus de Turin et dans les rituels funéraires, avec le signe ⊢—⊣ qui se prononce
ťaťa. La table de Séti Ier lui substitue le
caractère ▦ champ, territoire (voyez
planche II, n° 5). Ce n'est probablement
pas une faute, comme on pourrait le croire
au premier coup d'œil; en effet, on connaît le mot ⌐⌐ *ťať*, dans le sens de
pays ou domaine rural (voy. Chabas, *Papyrus de Berlin*, p. 37); ⌐⌐ et ▦
▦ peuvent donc très-bien être homo-
phones (voir l'appendice A).

[2] Musée du Louvre, salle historique,
stèle n° 421. Stèle peinte à l'encre rouge
et noire, sur une pierre calcaire, et dont
l'écriture s'est admirablement conservée.

du culte de *Neχt-kar-heb* ou Nectanébo Ier, avait aussi le sacerdoce des deux premiers rois égyptiens *Mena* et *Teta*. Les deux
cartouches sont figurés de la manière suivante :

Dans le cartouche de Ménès, l'écrivain a négligé de tracer
le ❘ final, dont il avait néanmoins réservé la place. Ce monument, unique jusqu'ici, nous arrive tout à l'extrémité des
temps pharaoniques comme pour mieux attester la persistance de la vénération des Égyptiens pour la famille de Ménès.
Senta, *Ra-neb-ka* et *Sar*, ont également laissé quelques traces
de leur culte commémoratif; mais, ainsi que nous l'avons dit
tout à l'heure, ce n'est réellement que le roi *Snefru* qui nous
donne, le premier, un témoignage vivant de son règne.

Une grande inscription monumentale sculptée à Ouadi-
Magarah nous montre ce prince levant la masse d'armes sur
un ennemi terrassé. C'est lui qui fonda un établissement destiné à exploiter les mines de cuivre de cette localité, et les inscriptions postérieures y rappellent parfois sa mémoire. Nous
ne connaissons pas la sépulture de *Snefra*; quelques personnages de sa famille et de sa cour ont été ensevelis, sous son
successeur Souphis, auprès de la grande pyramide, et l'étude
de leurs tombeaux conduit à des conséquences très-importantes
pour l'histoire. Mais il est nécessaire, avant de commencer

cette nouvelle recherche, d'expliquer les divers moyens qui peuvent nous servir à distinguer les souverains et à déterminer leur ordre de succession.

Quand les pharaons eurent agrandi leur empire, la série de leurs titres et de leurs noms officiels se développa dans une longue et pompeuse légende : deux cartouches en formaient la partie la plus essentielle. Mais, dans les premiers temps, nous n'avons pas rencontré le premier cartouche renfermant le nom divin. Nous avons même vu les doubles noms de *Sar sa...* et de *Sar teta* renfermés dans un seul cartouche, et il faudra descendre jusqu'à la fin de la v⁰ dynastie pour constater le dédoublement des cartouches royaux. Ce n'était cependant que la conséquence d'une coutume qui remontait à la plus haute antiquité. Le prince, en montant sur le trône, se transfigurait, pour ainsi dire, aux yeux de ses sujets; on peut constater, dans l'inscription de *Snefru*, qu'il ajoutait dès lors à son nom personnel une sorte de devise qui suivait le titre d'*Horus couronné* , c'est-à-dire : successeur légitime du dieu Horus dans la souveraineté de l'Égypte. C'est ce qu'on a nommé la *devise d'enseigne*, parce qu'elle est ordinairement tracée sur un étendard surmonté de l'épervier couronné. La devise prise par *Snefra*, *neb ma-t*, ou le « seigneur « de justice, » doit nous prédisposer favorablement à l'égard de ce pharaon, qui ouvre, pour nous, la série monumentale; elle se concilie d'ailleurs heureusement avec la mention du papyrus Prisse, qui le nomme *Suten menχ*, « un roi « bienfaisant. »

Les expressions du pouvoir royal sont déjà au nombre de trois sur le monument de *Snefru* :

1° ⌇ Ⓦ *Suten Xabu*, roi de la haute et de la basse Égypte;

2° ⌇⌇ « Seigneur du vautour et de l'uræus, » seconde expression du même dualisme;

3° ⌇ Horus sur le signe de l'or, expression symbolique, que l'inscription de Rosette traduit par le *vainqueur de ses adversaires*, et qui, en conséquence, doit signifier l'« Horus vain-« queur. »

Ces titres se multiplièrent bientôt, et la qualification de « fils « du soleil » précédant le nom propre, amena l'usage d'un premier cartouche, où le roi renfermait un nom d'intronisation quelquefois semblable à la devise de son enseigne, mais le plus souvent différent. Outre ces divers noms, par lesquels les pharaons sont introduits dans les monuments, ceux des premières dynasties sont encore quelquefois reconnaissables par la simple mention des noms spéciaux de leurs sépultures. Dans ces temps où l'orgueil des pharaons se déploya surtout dans les tombeaux, la construction ruineuse de leurs pyramides dut être la principale occupation d'un règne. Une inscription nouvelle de la viᵉ dynastie nous fera voir toutes les forces de l'État, sous la direction de ses principaux personnages, employées aux travaux préparatoires de cette grande entreprise. A peine sur le trône, le roi s'empresse d'extraire de la carrière les blocs de granit nécessaires aux parties les plus soignées du monument, et de faire rechercher une roche énorme et de belle qualité pour tailler son sarcophage. Ce document précieux peut nous expliquer un fait singulier, et dont nous verrons bien des exemples: je veux parler du nom propre de chaque pyramide spéciale, accolé à celui du pharaon, quelquefois même de son vivant. C'était là une notion critique importante à acquérir; il en ressort que la mention d'un roi avec sa pyramide, et même celle du sacerdoce établi en son honneur près de ce monument, n'est pas du tout une preuve de sa mort. A chaque pyramide était associé un édifice funéraire, sorte de temple où se célébraient les cérémonies d'un culte appliqué aux souverains divinisés, et il n'est pas douteux pour moi que ce culte n'ait commencé de leur vivant.

Ceci nous amène à exposer les diverses sortes de renseignements que les tombeaux nous ont fournis pour déterminer l'ordre successif des pharaons. Je ne parle d'abord ici que pour mémoire des inscriptions historiques; elles sont malheureusement trop rares dans ces premiers temps; nous avons néanmoins été assez heureux pour y faire quelques découvertes importantes.

La série des sacerdoces royaux est un puissant moyen d'investigation. Les hauts personnages, souvent alliés à la famille royale, dont les tombeaux remplissent les champs funéraires de Gizeh et de Sakkarah, tenaient à honneur d'exercer le sacerdoce dans les monuments commémoratifs des rois qu'ils servaient ou qu'ils avaient servis. Ces titres pieux sont assez souvent rangés dans l'ordre chronologique; ils posent en tout cas une limite supérieure pour l'époque du tombeau, et, quand on peut déterminer la filiation des personnages, on reconnaît que

la série de leurs sacerdoces royaux suit un ordre parfaitement
historique; en sorte qu'on peut dire qu'en thèse générale, le
dernier sacerdoce mentionné dans les anciens tombeaux indique approximativement le temps où a vécu le personnage,
surtout quand il termine une série.

Il est un autre genre de mentions qui peuvent fournir des
renseignements du même ordre, et que nous avons recueillies
avec soin. On remarque, dans la plupart de ces tombeaux, des
processions de serviteurs mâles ou femelles apportant au défunt
des offrandes variées. Des légendes précises nous apprennent
que ces figures représentent les domaines du défunt, ses propriétés ou ses apanages [1], qui viennent lui faire hommage de
leurs divers produits. Or, par l'effet d'une reconnaissance bien
naturelle, ces personnages donnaient fréquemment à leurs
domaines un nom dérivé de celui du souverain dont ils rap-
pelaient la mémoire ou même spécialement la libéralité. On
comprend facilement que nous pouvons trouver ici la même
source d'informations historiques que dans les sacerdoces
royaux; nous aurons l'occasion d'en citer plusieurs exemples.
Les magnifiques planches de la commission prussienne, publiées sous la direction de M. Lepsius, contenaient déjà une
grande quantité de documents de ce genre; mais les tom-

---

[1] Ces domaines sont désignés sous deux
noms : 1° ✦ 𓎛 ⊕ χem (c'est le copte ϭⲱⲙ
prædiam, ager, hortus, et ϭⲓϭⲙⲁⲥ hortus)
« domaine. » (Voyez Lepsius, Denkmäler,
t. II, p 51, le tableau de la moisson; l'inscription dit aseχ χem-u-f; « il moissonne
« ses domaines. »

2° 𓉼 𓊃 pere t'etu, « demeure perpé-
« tuelle, » qui indique très-probablement
la propriété attribuée à perpétuité par un
don royal. Dans le tombeau de Saba, à Sakkarah, les deux expressions sont réunies :
χem-u nts pere t'eta, « les domaines de la
« demeure perpétuelle. »

beaux ouverts par M. Mariette les complètent et les expliquent, pour une quantité de rois de cette première période.

Ils nous ont fourni tout d'abord un renseignement décisif
sur la place historique du roi *Snefru*, controversée jusqu'ici.
Un tombeau, ouvert dans le voisinage de la grande pyramide
de Gizeh, nous a fait connaître la première reine égyptienne
dont nous ayons quelque souvenir. Les diverses variantes
graphiques de son nom amènent à le transcrire ⟨⟨⟨
Mer-ti-tef-s, ce qui signifie clairement « la chérie de son père. »
On remarque, dans son tombeau, les qualifications suivantes,
que je rapporterai en entier, parce qu'il est essentiel d'étudier ces premiers titres des épouses des pharaons, assez différents de ceux qu'on trouve ordinairement dans le second
empire.

⟨⟨⟨ *Suten hime mer-t-f*, « épouse du roi, qu'elle
« aime. »

⟨⟨⟨ [1] *Hor-χet*, « l'attachée à l'Horus. »

⟨⟨⟨ [2] *Neb suban neb nat'i-t sam-t*, « l'associée au sei-
« gneur du vautour et de l'uræus. »

---

[1] La particule ⟨⟨ *χet, penes, juxta*,
se construit presque toujours par inversion
dans les anciennes époques; elle gouverne
souvent un régime très-complexe, qui la
précède. C'est une notion très-importante
pour la traduction des textes des premiers
temps; ainsi ⟨⟨ ne signifie pas l'*an
de retard*, comme l'a traduit M. Brugsch,
mais simplement *en l'an* tel.

[2] Nouvelle inversion, qui est de règle,
au moins pour l'écriture, quand le subs-
tantif-régime est un être divin ou royal.
Je donne la transcription des éléments
divers des deux groupes, mais sans pouvoir répondre que le symbolisme n'ame-
nât pas ici une tout autre prononciation; certaines variantes semblent même
indiquer que ce titre serait un simple
équivalent de ⟨⟨ *neb iau*, « seigneur
des « diadèmes. » *Sam* est un radical bien
connu, signifiant « unir » et dont le domaine linguistique est très-étendu

Les trois mentions suivantes sont ainsi accolées :

Ur am-t [1] *nte Snefru;*

Ur am-t nte Xufu;

Ameχu χer Šafra, Mer-ti(tef)s;

c'est-à-dire « la grande favorite du roi
« *Snefru;* la grande favorite du roi
« *Xufu;* l'attachée au roi *Šafra, Mer-ti-*
« *tef-s.* »

Le sens historique de ce document est parfaitement clair [2].
La reine *Mer-ti-tef-s* fut successivement favorite de *Snefru* et
de *Xufu*. Après le long règne de ce dernier, fort avancée en
âge, nécessairement, elle se qualifie simplement l'*attachée*,
dévouée (ameχu) au roi *Šafra*. Ces trois pharaons se suivent
donc sans interruption, et, si le progrès des études amenait
quelques nouveaux cartouches à cette place, il faudrait nécessairement y reconnaître des règnes de peu de valeur au point
de vue chronologique, ou des princes associés à la couronne.
Cette position de favorite, sous deux rois successifs, nous

---

[1] On est assuré de serrer le sens de très-
près en traduisant le terme ⸶ par *grâce* ou
faveur. Au sens propre, l'arbre ⸶⸶⸶
ammu doit être un dattier; car le papyrus Anastasi (n° IV, 12, 28) lui donne
pour fruit le ⸶⸶⸶ *baner*, en copte,
ⲂⲎⲚⲚⲈ *palma*. La métaphore est naturelle; on disait aussi *baner meri-t*, « palme
« d'amour. » La phrase suivante montre
bien le parallélisme des idées. (Voy. *Denk-*
mäler, II, p. 122.) *Ameni* se qualifie ainsi
lui-même :

nok   neb   aam-t   uah   merit

c'est-à-dire, « Je suis possédant la grâce,
« l'abondant en amour. »

[2] Confér. Mariette. Table de Sakkarah.
(*Revue archéologique*, septembre 1864,
p. 183.)

montre que la reine *Mer-ti-tef-s* ne fut pas la mère de Xnfu;
ce qui peut faire soupçonner également que ce roi n'était pas
fils de *Snefru*.

Deux tombeaux de Gizeh, déjà publiés [1] dans les monuments
de la commission prussienne, ont également appelé de notre
part une étude approfondie : on y trouve la mention d'une
fille et probablement aussi d'un fils du roi *Snefru*. La filiation
de la princesse ne fait pas question, elle est introduite par les
mots *Suten Snefru, sa-t-f en χa-t-f uer-t, Nefer-t-kau,* « le roi
« Snefru, sa fille, de son flanc, l'aînée, Nefer-t-kau. » La mention qui suit donne lieu à controverse : [hiéroglyphes]
on peut transcrire : *San-s* ou *sa-nes, χabu sahu, nefer-ma-t,*
« *son frère* ou *son fils* (le fonctionnaire?) *Neferma.* » L'expression
[hiéroglyphes] est inusitée dans les deux cas : le terme *frère* s'écrit ordinairement [hiéroglyphes] *san,* et les mots *son fils* (au féminin) s'écri-
vent toujours [hiéroglyphes] *sa-s,* et n'admettent point la particule [hiéroglyphe]
avant le pronom suffixe. Mais M. Mariette m'assure avoir ren-
contré dans les nombreux tombeaux qu'il a étudiés des exemples du groupe [hiéroglyphes] *san,* ainsi écrit pour rendre l'idée de
frère [2]. J'adopte ici cette manière de voir, et je considère *Nefer-ma* comme fils de *Snefru* et frère de *Nefer-t-kau.*

Il est père d'un individu nommé *Snefru-šaf* ou plutôt *Šaf-
Snefru* [3], qui rappelle son origine royale par la composition de

---

[1] Voy. *Denkmäler*, II, 16, 17.

[2] Cette conjecture peut être fortifiée
par la comparaison du groupe [hiéroglyphes] qui
paraît signifier deux jumeaux.

[3] Je lis ce nom par inversion, comme
celui du roi *Šaf-ra*, qui est de composition
analogue. Le nom de *Snefru* est simplement
substitué au mot *ra* « soleil. »

son nom. Ce personnage était prêtre d'Apis. Il reparaît avec la même dignité dans le second tombeau [1], et, dans cet endroit, son père est qualifié ⬛ erpa, suten sa, c'est-à-dire « prince héritier [2]. » *Nefer-ma* mourut probablement avant son père, et son fils *Šaf-Snefru* occupa un rang élevé à la cour de Xufu.

Les contemporains de *Snefru* sont les plus anciens personnages que nous connaissions par les monuments, et leurs noms méritent d'être recueillis. M. Lepsius a doté le musée de Berlin d'un tombeau trouvé près d'Abousir, et qui doit probablement être rapporté à cette époque, opinion que favorise aussi un style extrêmement archaïque. Le cartouche de *Snefru* est cité dans une des charges du défunt :

Hak ha neter nte Snefru, « gouverneur « du pays appelé la demeure divine de *Snefru* [3]. »

Ce personnage, nommé ⬛ *Amten*, fils d'*Anup-em-anχ*, était chargé de gouvernements importants, qui embrassaient plusieurs nomes de la basse Égypte. Ces détails précieux prouvent l'antiquité et la persistance des noms des divisions politiques du territoire égyptien.

Une mère de roi, citée dans ce tombeau et nommée *Hap-*

---

[1] Voy. Lepsius, *Denkmäler*, II, 17.

[2] Le récit du conte des deux frères, dans le papyrus d'Orbiney, rend manifeste cette valeur du titre *erpa* donné à un prince ; c'est une remarque qui trouve très-souvent son application dans l'histoire.

[3] Le sens le plus naturel pour le nom de cette localité serait d'y voir l'établisse- ment sacré, fondé auprès de la pyramide de Snefru ; il serait possible cependant que ce nom désignât la colonie d'Ouadi-Magarah ou quelque autre établissement fondé par le même roi : le titre *hak*, « gou- « verneur, » implique ordinairement une localité considérable. Il est quelquefois attribué aux gouverneurs des nomes.

en-ma-t [1], doit appartenir également à la famille de *Snefru*. Les inscriptions du tombeau donnent des détails intéressants sur les propriétés d'*Amten*; il tenait les unes de l'héritage de ses parents, il avait reçu les autres de la faveur du souverain et comme récompense de ses services.

Il existe un tombeau, ouvert par M. Mariette, à l'ouest de la grande pyramide, et qui a été exécuté pour un fils de roi, nommé ⟨⟩ *Ka-en-suten.* Il est possible que ce personnage soit également un fils de *Snefru*. Deux de ses domaines sont

nommés, l'un   *Snefru nebes*, « (l'arbre) nebès du « roi Snéfru. »

et l'autre   *Snefru Še-t* [2], « l'étang de Snéfru. »

Outre les titres ordinaires de ces grands personnages de la IVᵉ dynastie, je remarque qu'il était « chef de la maison du « combat, de l'arc et de la flèche, » peut-être une sorte de ministère de la guerre. Il était également revêtu de la dignité de *sam* ⟨⟩, qui indique ordinairement le chef du sacerdoce de *Ptah*, à Memphis : aussi apparaît-il avec la peau de panthère, insigne de cette dignité. La place de son tombeau, ainsi

---

[1] Voy. *Denkmäler*, II, pl. VI, et Lepsius, *Königsbuch*, n° 7.

[2] Ce dernier nom est identique avec celui d'une localité citée dans le papyrus de Berlin, n° II. (Voy. Chabas, *Papyrus de Berlin*, p. 91.)

que les noms de quelques-uns de ses serviteurs, montrent qu'il
a vécu au moins jusque sous le roi Xufu. Son fils, 🦅 *Har-uer*, porte le titre ordinaire des petits-fils de roi, 🔱 *Suten-rex*. Sa femme, 🜍 *Ha*, avait le même titre; de plus, elle est
qualifiée 🔱 *suten nefer*, « la gracieuse du roi, » marque
de faveur dont nous ne pouvons pas apprécier exactement la
valeur [1].

Nous ne connaissons pas la sépulture du roi *Snefru*, et le
nom de sa pyramide n'a pas été rencontré jusqu'ici [2]. Son culte
commémoratif a cependant été établi immédiatement; on
trouve ses prêtres mentionnés sous tous les règnes suivants,
et il s'est conservé à travers une longue suite de siècles, ou
sans interruption, ou pieusement renouvelé par la vénération
de ses successeurs. En effet, on reconnaît encore, sous les
Psammétik et sous les Ptolémées, les prêtres consacrés au
culte de sa mémoire.

Après ce premier pharaon monumental, sur lequel l'esprit
s'arrête avec complaisance, apparaît une figure bien différente,
celle du *Chéops* d'Hérodote, le Souphis de Manéthon, dont le

---

[1] Ce titre ne signifie pas une parenté
royale. On trouve, au tombeau de *Sim-nefer*, personnage du temps de *Xufu*, et
époux de la *suten-rex*, *Amen-t'efa-s*, la
mention d'une de ses filles, nommée également 🜍 *Ha*, et qui porte le titre de
⬭ *nefer-t-xufu*. Je n'ose-
rais pas affirmer que ce soit la même personne, malgré le même nom et le même
titre, parce qu'elle n'est pas *suten rex-t*,
pas plus que ses frères et sœurs.

[2] Il est difficile d'expliquer l'absence
du nom de la pyramide de *Snefru* au milieu des mentions fréquentes de son sacerdoce. Je ne serais pas étonné que la
grande pyramide eût renfermé son corps
dans la chambre dite *de la reine*. Nous
voyons, par l'exemple de la reine *Merti-tef-s*, que les épouses, même favorites,
avaient des tombes séparées; la dénomi-
nation de « chambre de la reine » est certainement erronée.

nom égyptien ⬭ se transcrit X*ufa*. Tous les renseignements s'accordent pour lui attribuer la grande pyramide
de Gizeh, que les Égyptiens nommaient 🦅 △ χ*a-t*, ce qui
semble signifier « l'horizon [1]. » Les historiens grecs entendaient
encore l'écho des malédictions que les travaux nécessaires pour
la construction d'un si prodigieux tombeau avaient dû amasser
sur la tête de X*ufu*, et dont le souvenir ne put jamais s'effacer.
Un grand nombre de tombeaux du règne de ce prince étaient
déjà connus; on sait aussi qu'il continua l'établissement de
Snefru aux mines de cuivre du Sinaï. L'histoire de la découverte de ses cartouches dans la grande pyramide est familière
à tous les archéologues. Ils faisaient partie des inscriptions
tracées à la sanguine, au moment même de la construction,
sur les blocs intérieurs des chambres de décharge, que l'architecte avait ménagées au-dessus du plafond de la grande
salle funéraire, pour remplacer des voûtes. Ce fait capital,
fruit des recherches obstinées du colonel Howard Wyse et de
ses savants compagnons, est venu donner un corps palpable
au témoignage de Manéthon et asseoir sur des bases désormais
inébranlables la place historique de cette montagne de pierres
tout au commencement de la série monumentale de la vallée
du Nil. Il est à remarquer d'ailleurs que les fils très-nombreux
du roi X*ufu* ont formé comme une couronne autour de sa
pyramide avec leurs propres tombeaux, et qu'ils complètent
cette première preuve par une admirable suite de' renseigne-

---

[1] C'est le terme employé pour le lieu
apparent du lever et du coucher du soleil ;
il est peut-être en rapport avec l'exacte
orientation de la pyramide.

ments sur son règne. Le musée de Berlin possède un précieux échantillon de ces tombeaux dans celui du prince *Mer-het*, publié par M. Lepsius [1]. Sa mère, nommée ⟨hiero⟩ *Sat-t*, était elle-même une fille de roi; ce qui explique pourquoi il cumule les deux titres de *suten-sa* et *suten-reχ*, « fils et petit-fils de roi. » Il avait droit au second par sa descendance maternelle. La plupart de ses domaines portent des noms composés avec celui de *Xufu;* il les tenait sans doute de la libéralité de son père. Les dignités civiles, militaires et sacerdotales, sont accumulées sur sa tête, et ses fils ont, suivant l'usage, le titre de *suten-reχ* « royal petit-fils, ou parent. » Je dois remarquer aussi qu'il était chargé de fonctions sacerdotales dans un endroit désigné par les mots ⟨hiero⟩ *uer manu Xufu*, « le lieu du grand obélisque de *Xufu;* » ce qui nous montre l'obélisque en honneur dès le temps de Souphis, et probablement déjà revêtu d'un caractère religieux.

Je crois qu'on doit regarder également comme des fils de Souphis les personnages suivants, dont les tombeaux entourent la grande pyramide. 1° Le fils royal ⟨hiero⟩ *Hata*, nommé aussi ⟨hiero⟩ *Saf-hotep*. Le nom est curieux; car il nous montre *Saf*, la déesse spéciale des bibliothèques, vénérée à Memphis dès les plus anciens temps de la monarchie. *Saf-hotep* était « chef des travaux du roi. » Ce titre est encore mieux exposé dans la phrase suivante : ⟨hiero⟩ *har seśeta kat neb suten*, « chef des secrets (secrétaire) de tous les travaux du

---

[1] Voy. *Denkmäler*, II, pl. XVIII, XIX, XX.

« roi. » Il convenait bien à un pareil personnage de porter un
nom appelant la faveur de *Saf*, la déesse savante, car la réussite
de ces belles et immenses pyramides exigeait de grands talents.
Saf-hotep a pu, pour sa part et à son heure, diriger la construction de la célèbre merveille de Gizeh. Comme *Mer-het*, il
porte à la fois les deux titres de *suten-sa* et *suten-reχ*. Sa mère
était donc princesse et probablement fille de *Snefru;* aussi le
voyons-nous, dans un autre tableau, accompagné d'une fille
royale nommée *Mes-sa-t*, 🏺🦅. La dame *Mer-t-tef-s* [1], figurée
ailleurs avec lui, est probablement son épouse; elle était *suten-
reχ*, et descendait sans doute de la reine du même nom, dont
nous avons étudié plus haut les légendes.

Les princes 𓉸 [2] *Ka-ab* et ⸺ *Xem-tat-f* doivent
probablement aussi être reconnus comme appartenant à la
famille de Souphis, d'après les règles que nous avons cherché
à établir.

Nos propres recherches dans les fouilles nouvelles ajoutent
à la famille de Souphis plusieurs personnages très-importants.
Le premier est un prince portant le nom de 𓍹◦🐍🔥𓍺
Ša-f-χufu. Je ne vois à remarquer dans ses dignités que le sacerdoce d'Apis. Mais les titres de la reine sa mère, dont le
nom est malheureusement effacé, nous apportent les lumières
les plus inattendues. Elle porte, en effet, une qualification

---

[1] ⸺ avec la variante ⸺
⸺ où le ⸺ est supprimé, sans doute
en vertu de son caractère de semi-voyelle.
[2] Voy. *Denkmäler*, II, planches XXVI,
XXXIII. Le caractère ⸺ reste ici, pour
moi, d'une lecture douteuse. C'est bien la
forme antique pour le nom du dieu ithy-
phallique, mais il ressemble aussi à une
variante de *Sap*, un des surnoms d'Osiris
les plus riches en variantes graphiques.

nouvelle, que nous retrouverons plusieurs fois dans les monuments de Gizeh et de Sakkarah.

Ma-t   mes-t-su   Hor   Set   maa-t ,

La mère qui l'a enfanté, celle qui voit l'Horus et le Set.

Voir le pharaon librement était sans doute un privilége de la reine[1]. Je trouve, dans le tombeau du prince *Neb-em-aχu*, sa mère qualifiée d'une manière analogue : « la royale épouse. »

Ma-t-f   Hor-f   maa-t ,

Sa mère, celle qui voit son Horus [2].

Mais, pour notre reine inconnue, épouse de Souphis sans aucun doute, la double souveraineté est exprimée complétement sous le symbole des deux grands antagonistes divins, *Set* et *Horus,* vainqueurs tour à tour, suivant la légende; en sorte qu'il demeure prouvé que, dès l'origine, le dieu *Set,* représenté déjà par le même animal symbolique, était regardé comme personnifiant la royauté de la basse Égypte, pour laquelle il était plus spécialement un dieu national[3], au même titre qu'Horus pour la haute Égypte.

---

[1] L'action de regarder était liée, dans la langue égyptienne, aux idées de vénération et même d'adoration.(Voy. Brugsch, *Rhind papyri,* n° 87. *Maa,* voir = *usetau,* « adorer. »

[2] Voy. Lepsius, *Denk.* II, pl. XII, XIII.

[3] M. Chabas (*Mélanges,* 2° série, p. 190) pense que, « dans l'origine, et probable-

« ment pendant toute la durée de l'ancien « empire, les Égyptiens, adorateurs d'Osi- « ris, ne pratiquèrent pas le culte de Set, « qu'ils ne distinguaient pas du grand ser- « pent. » Il ne connaissait pas les monuments que je viens de citer, et qui me paraissent décisifs dans la question. Sauf la primauté, le rôle de Set égale celui d'Horus.

Une stèle, appartenant au musée du Caire et provenant de Gizeh, nous a fait connaître une fille de Souphis, pour laquelle ce souverain avait fait construire une des petites pyramides qui accompagnent la sépulture royale. Le style de cette inscription si curieuse peut faire douter qu'elle soit du temps même de Souphis; elle peut avoir été renouvelée; nous avons souvent trouvé, sur les monuments, des traces incontestables de ces sortes de renouvellements [1]. Je me contenterai de donner ici les inscriptions verticales des deux côtés de la stèle : nous reviendrons plus tard sur les détails contenus dans ce monument, qui intéresse au plus haut degré l'histoire de la religion en Égypte. Inscription du côté droit :

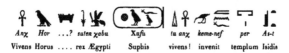

An*χ*   Hor   …?   saten *χ*abu   Xufu   tu an*χ*   keme-nef   per   As-t

Vivens Horus …. rex Ægypti   Suphis   vivens!   invenit   templum Isidis

hent   aa   er-ma   per   hu   en   har   mehit   ament   en per

rectricis pyramidis juxta templum sphingis, inter septentrionem et occidentem domus

Asiri   neb Ru-stau.   Katu-nef   aa-f er-ma nuter ha nte   nutri   ten

Osiridis domini Rusta. Ædificavit pyramidem suam juxta templum deæ hujus :

---

[1] M. Mariette a, de même, constaté à Karnak des portions considérables, renouvelées à diverses époques au nom de Toutmès III, qui était l'auteur primitif des salles où figurent les murailles remaniées.

katu-nef   aa-f (n)   suten sa-t   Hent-sen er-ma   nuter ha   ten.

ædificavit pyramidem (suam?) regiæ filiæ Hent-sen juxta templum illud.

L'inscription du côté gauche fait face à la première et complète le renseignement.

Après la légende royale de Souphis, répétée exactement, le texte continue ainsi :

Ari-nef en mat-f As-t nuter ma-t Hathor Hent (nu?) Seput (Seïa) tu-t er

Fecit matri suæ Isidi, divæ matri, Athyr, rectrici (cœli?) Disposuit titulum positum in

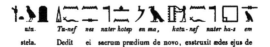

utu.   Tu-nef   nes nuter hotep en ma,   katu-nef   nuter ha-s   em

stela.   Dedit   ei   sacrum prædium de novo,   exstruxit ædes ejus de

aner,   nem-kem-nef   nen   nuteru   her   as-t-s[1].

lapide,   reposuit   deos   in   sede   ejus.

La mention du grand sphinx nous aide à nous reconnaître dans les lieux désignés par cette inscription importante. Isis,

---

[1] La lettre ⌇ est marquée sur ma copie comme un peu douteuse; la gravure de la stèle est très-légère et presque illisible en certains endroits. J'ai remis les inscriptions en lignes horizontales pour la commodité de la transcription.

[2] J'ai préféré réunir dans une note le petit nombre de mots qui nécessitent ici des explications : ⌇ est un signe de valeur inconnue, qui forme la devise d'enseigne de Souphis; on en connaît plusieurs variantes (voy. *Denkmäler*, II, pl. II). Le terme ⌇ *keme, invenire*, se prend assez souvent dans le sens « inventer, avoir

qualifiée dame de la pyramide, eut donc les honneurs d'un
temple fondé ou renouvelé par Souphis. Je pense cependant
que le titre de *gouvernante de la pyramide* indique une corrélation avec la pyramide que Souphis fit bâtir dans le voisinage,
et que ce titre dut lui être donné par le pharaon qui nous
occupe, à moins qu'on n'admette que la pyramide eût déjà été
commencée par *Snefru*. Le temple d'Isis était placé auprès du
sphinx et de la pyramide : il était situé au nord-ouest d'un
temple d'Osiris, seigneur de *Rusta*, que l'on doit chercher en
conséquence dans la direction d'Abousir. Ce temple d'Isis sub-
sista jusqu'au temps des Ptolémées : car un certain *Psametik*
nous apprend, dans une stèle du Serapeum, actuellement au
Louvre, qu'il était prophète d'*Isis, rectrice de la pyramide,* en
même temps que du sphinx et des édifices commémoratifs de
Xufu et de *Šafra*.

« l'idée d'un ouvrage nouveau ; » on peut
l'expliquer dans le sens de faire faire un
monument. Rien cependant, ici, n'exige
précisément que Souphis ait fait un monument entièrement nouveau ; il serait
possible qu'il eût *trouvé* là un temple d'Isis
et qu'il l'eût simplement reconstruit avec
plus de magnificence et enrichi par ses
donations.

    hu traduit notre mot *sphinx.*
Hur em-aχa (Armachis) était le nom propre du grand sphinx de Gizeh, dont il
s'agit ici, comme représentant le soleil
levant.

    J'ai des doutes, dans la seconde ins-
cription, sur les mots ainsi disposés dans
l'original :

peut-être faut-il lire : *Seput
seša er utu*, en prenant
pour une altération de
déterminatif du mot *seput*;
le sens est à peu près le
même dans les deux cas.
Dans le titre d'Hathor, *hent
nu*, je n'oserais pas répondre que
représente le *na* céleste, ordinairement
écrit ⵣⵣ ⵣ dans l'orthographe complète.

    Pour l'expression   *en ma*,
M. Brugsch a proposé, avec d'excellents
exemples, la traduction *de nouveau, en
renouvelant*. Je crois que les idées d'*em-
bellissement* et d'*augmentation* y sont com-
prises.

Un second renseignement est écrit dans un autre coin de
la stèle; j'y lis, après quelques caractères douteux :

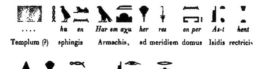

.... ha en Har em aχu her res en per As-t hent

Templum (?) sphingis Armachis, ad meridiem domus Isidis rectricis

aa her mehit en A>iri neb Rusta.

pyramidis, ad septentrionem Osiridis domini Rusta.

On voit que le sphinx était placé de manière que le temple
d'Isis était au nord de cette figure, et celui d'Osiris au midi;
le temple d'Isis étant toutefois très-voisin du sphinx et de la
grande pyramide. Le temple trouvé par M. Mariette, auprès
du sphinx, ne remplirait pas du tout ces conditions, mais
je crois, au contraire, que c'est cet édifice lui-même qui est
mentionné dans notre seconde inscription comme le temple
du sphinx.

Si l'on considérait cette stèle comme un document original,
il en résulterait la preuve que le grand sphinx est antérieur à
Souphis lui-même; mais, ainsi que je l'ai déjà dit, la preuve
n'est pas décisive, parce que cette inscription, destinée particulièrement à constater les fondations de Souphis et les dieux
dont ce roi avait peuplé le temple, peut avoir été renouvelée;
on aurait donc pu introduire dans sa rédaction des éléments
d'une époque moins ancienne. L'intérieur de la stèle est divisé
en plusieurs registres qui contiennent l'énumération des dieux

7

du temple; nous y reviendrons plus tard, dans l'étude spéciale
que nous consacrerons à la religion de l'ancien empire.

Auprès de la famille de Souphis, sa cour est aussi largement
représentée dans les tombeaux de la plaine de Gizeh; outre les
suten-reχ, ou petits-fils royaux, très-nombreux à cette époque,
une foule de fonctionnaires de tout ordre attestent la richesse
et la puissance de son gouvernement. Une grande partie de
ces tombeaux a été publiée dans les magnifiques planches de
la commission prussienne. Il en est plusieurs dont la place
historique ne peut pas être suffisamment précisée, mais nous
citerons, parmi les contemporains les plus importants de Souphis, le *suten-reχ* ⬭⬭⬭⬭⬭ *Xufa-ka-ariu*. Il comman-
dait au district de la grande pyramide, dont l'ensemble devait
former un établissement important[1].

La légende de *Xufa* figure aussi en tête des inscriptions du
tombeau du *suten-reχ*, ⬭⬭⬭ *Xemten*, prêtre de *Xufa* et surintendant de la maison de divers princes et princesses de ce temps.
Ces inscriptions nous apprennent les noms du prince ⬭⬭⬭⬭
Ka-ab, déjà cité ci-dessus, et des princesses ⬭⬭⬭⬭ *(Hotep)-
har-s* et ⬭⬭⬭⬭ *Mer anχ-s*, que je considère, en conséquence,
comme appartenant à la famille de Souphis. Je ne veux pas
entreprendre ici la nomenclature complète de ces personnages
devenus assez nombreux, et que l'archéologie égyptienne devra

[1] La légende de cet emploi est ainsi
disposée :

Xufa   χat   mur,

l'objet du commandement précédent le
mot *mur;* presque toutes ces fonctions sont
ainsi écrites avec inversion de l'ordre logique du discours. (Voy. *Denkmäler*, II,
Pl. XVIII.)

cependant enregistrer avec le plus grand soin; mais je ne puis laisser sans une mention deux individus nouveaux qui ont fourni au musée du Caire les riches dépouilles de leurs tombeaux. Le premier réveille nos chagrins les plus cuisants par son admirable sarcophage, le plus beau spécimen connu des sarcophages de granit taillés suivant l'ancien style. Cette précieuse conquête de M. Mariette nous appartenait; elle a été donnée au Musée du Louvre par S. A. Saïd-Pacha, qui avait eu la bonté de la faire conduire jusqu'à Alexandrie, où le monument a vainement attendu pendant plusieurs années que notre marine reçût l'ordre de le prendre à bord d'un bâtiment français. Il faut avouer que, si les sciences et les arts jouissent en France des plus hautes protections, ils n'en sont pas moins quelquefois victimes d'inconcevables oublis. Nous sommes donc privés, par notre faute, d'un monument unique qui resplendit aujourd'hui dans le musée du Caire. ⸢𓉐 hieroglyphs 𓉐⸣ *Xufu-anχ*, pour qui il avait été sculpté, était prêtre d'Apis, du taureau blanc et d'une génisse sacrée[1]. Mais il n'était pas voué uniquement au sacerdoce des animaux divinisés, il y joignait des titres civils, tels que : ⸢hieroglyphs⸣, « commandant des portes (du « palais), » et ⸢hieroglyphs⸣ *suten mur katu neb*, « chef de tous les « travaux du roi. » Son sarcophage est d'une admirable conservation.

Un autre personnage, dont le tombeau a fourni au musée du Caire un assez bon bas-relief, est accompagné d'une femme

---

[1] Cette génisse sacrée, sous le nom de ⸢hieroglyphs⸣ *hesa-t*, figure dans diverses listes de dieux du premier empire. Ce nom est en rapport évident avec *hus*, « veau. »

dont le nom et le titre méritent d'être relevés; elle se nommait
Xufu mer-nateru, « Souphis est aimé des
« dieux. » Son titre [1] indique un rapport avec le pharaon
que je ne saurais définir, mais il prouve certainement un
rang très-élevé, car il figure parmi les qualifications des princesses.

Le monument de la reine *Mer-ti-téf-s,* que nous avons discuté plus haut, établit définitivement la place du roi
Šaf-ra. Il suit bien exactement Xufu, comme l'introduction graduelle de son nom dans les tombeaux de Memphis le donnait à penser. Les tables de Sakkarah et de
Séti Ier font cependant suivre le cartouche de Xufu de celui
de *Ratut-f* , qu'elles intercalent ainsi avant *Šafra.* Il
faut que son règne ait été chronologiquement peu important,
car il est omis dans presque toutes les séries de cartouches.
En dehors de ces deux tables, nous n'avons pu trouver aucune
inscription qui autorise à déterminer sa place avec certitude.

Le nom royal *Ra-tut-f* n'était connu jusqu'ici que parce
qu'il entrait dans la composition d'un nom de localité. Indépendamment de sa mention dans les deux tables qui lui donnent
un accès évident dans la IVe dynastie, les fouilles de M. Mariette nous ont apporté, sur ce roi, deux documents précieux.
Le premier nous fait connaître un *suten-reχ,* enseveli à Gizeh
et nommé *Ptah-tu-aau,* qui était prophète de *Ra-tut-f;*

---

[1] Je n'ai trouvé aucun renseignement certain, ni pour la lecture, ni pour la traduction du signe ; je crois que le titre n'est qu'une variante graphique équivalente. Le premier signe ressemble aux pains, le second au vase pour l'encens.

ce pharaon avait donc son édifice commémoratif, et peut-être
aussi sa pyramide, que nous ne connaissons pas.

Le second monument est la stèle du Serapeum, actuellement au Louvre, que nous avons déjà eu l'occasion de citer.
Psametik-munχ était « prophète d'Isis, rectrice de la pyramide,
« d'*Osor-Hapi* et d'*Har-m-aχu* » (le grand sphinx). Il était, en
outre, prophète de trois rois qui sont ainsi énumérés :

Prophète du roi *Xafu*, prophète de *Šafra*, prophète de *Ratutf*.

Son grand-père *Psametik* possédait les mêmes sacerdoces;
il les énumère exactement dans le même ordre. On voit que
le culte de *Ratutf* était associé aux rois dont les noms pré-
cèdent et suivent son cartouche dans les deux tables; ce qui
protégea sans doute sa mémoire jusqu'aux derniers temps de
la monarchie nationale. Il est d'ailleurs évident que ce nom est
bien le type de celui du Ratoïsès qui a été rejeté après Menchérès dans la liste de Manéthon. Malgré cette coïncidence,
je crois que nous devons nous rendre à l'autorité de la table
de Séti Ier et insérer *Ratutf* après *Xafu*. Toutefois nous ne pouvons pas oublier la triple légende de la reine *Mertitefs*. Après
avoir été favorite de *Snefru* et de *Xafu*, elle vécut encore du
temps de *Šafra*. Elle passe le règne de *Ratutf*, comme bien
moins important; il faut donc qu'il ait été d'une très-courte
durée.

Un individu nommé 🔲 *Persen*, enseveli à Sakkarah,

possédait un domaine nommé *Seχe-t Ratut-f*, « le « champ de Ratutef. » Il était probablement son con- temporain. Sa femme était prophétesse d'*Hathor;* elle se nommait ⬛🔵🦅◣ *Xennut*, et prenait le rang de *suten reχ*. Je mentionne cette circonstance, parce qu'elle transmit la même dignité à deux de ses enfants, quoi- que son mari fût un simple particulier. Il porte le titre de chef de la maison d'une princesse *Merehet*, que ce tombeau nous fait seul connaître; j'ai averti que la valeur précise du titre m'était inconnue jusqu'ici.

Le nom de *Safra* répond évidemment au Sou- phis II de la liste manéthonienne [1] et très-certainement aussi au Chéphren d'Hérodote et au Chabryès de Diodore. Ce souve- rain occupera, depuis les découvertes de M. Mariette, une place impérissable dans l'histoire des arts. C'est, en effet, sous son règne qu'apparaissent les premières statues royales qui nous soient connues. Nous apprécierons, dans une autre partie de ce travail, leur mérite exceptionnel comme objets d'art; mais

---

[1] Voyez le tableau page 239. Je ne connais pas encore un fait qui puisse dé- terminer d'une manière absolue la lec- ture du signe ◣ qui commence ce nom. Une variante ▭, indiquée par Sal- volini, ne s'est pas trouvée exactement discutée, et ne prouve rien. Comparé au copte, le verbe ◣ est bien exactement le correspondant de ⲟ̄ⲩⲃ̄ⲥ *oriri;* mais, en copte, le ⲟⲩ peut provenir aussi bien d'un χ que d'un *i* antique. La même in- certitude s'attache à la préposition ◣.

qu'on ne trouve qu'à l'époque ptolémaï- que; on peut aussi bien identifier cette orthographe avec la préposition ⬛ *ier*, qu'avec ● *χer*. J'adopte provisoirement *ia*, mais en avouant qu'il n'existe, jusqu'ici, aucune preuve contre χ*a*, que rappelle- raient mieux, d'ailleurs, les noms *Ché- phren* et *Chabryès.* Les mots peu nombreux écrits avec le signe ◣ n'apportent rien de décisif. Le démotique paraît transcrire ce signe par *sa*, ce qui proviendrait plutôt de *ia* que de χ*a*.

elles possèdent, en outre, une incontestable valeur historique[1].
Ces statues, précipitées au fond d'un puits, dans le temple
que M. Mariette a découvert auprès du grand sphinx, y gi-
saient sans doute depuis bien des siècles; l'invasion des sables
est un fait normal dans cette localité, et l'enfouissement du
temple aurait pu le faire abandonner de bonne heure. Il est
certain cependant que des travaux constamment suivis rendi-
rent libre l'accès du sphinx sous la xviiie et la xixe dynastie,
et même jusqu'à l'époque grecque et romaine. C'est ce que
prouvent les inscriptions nombreuses, relevées au niveau de sa
base, qui est coordonnée avec le sol du temple. Si je ne me
trompe, le sphinx et peut-être aussi son temple sont antérieurs à *Šafra* et même à *Xufu;* c'est la conclusion naturelle
des inscriptions relatives au temple d'Isis étudiées ci-dessus.
Šafra, en décorant le temple de ses admirables statues, ajouta
sans doute à la splendeur de ce lieu sacré. On a remarqué avec
raison que le sphinx est dans une certaine corrélation avec la
place de la seconde pyramide et avec celle du temple qui devait la précéder dans cette direction. Le sphinx ayant pour
noyau un rocher naturel, on n'a pas pu rendre cette corrélation plus exacte, en maintenant, d'un autre côté, comme on
le voulait expressément, l'orientation de la pyramide[2].

---

[1] Les plus anciens dessins que l'on possède du sphinx et de la grande stèle qui
l'accompagne permettent de reconnaître
dans le texte le nom de *Šafra*. Malheureusement il suit une lacune, et l'on ne
peut dire à quelle occasion ce roi y était
mentionné.

[2] Les planches ci-jointes reproduisent
très-exactement : 1° une statue en basalte
vert dont le menton et la barbe sont
endommagés; 2° la partie supérieure de
la figure la plus belle et la plus complète. Elles ont été exécutées d'après les
photographies de M. de Banville.

Les titres royaux de ce pharaon méritent une discussion spéciale. Sa légende commence par la devise de bannière : *Hor user-het*, « l'Horus, seigneur du cœur, » ou « cœur « dominant. » Il prend ensuite les qualifications de *nefer Hor, nuter aa*, « le bon Horus, le dieu grand. » .L'apothéose est encore plus hardiment indiquée que dans les légendes de Souphis. Nous voyons aussi apparaître, pour la première fois, la célèbre prétention à la filiation divine : *Sa ra*, « fils du soleil, » qui deviendra plus tard l'accessoire obligé du nom propre de tout pharaon. Vient ensuite le titre *neb-ša-u*, « seigneur des diadèmes, » qui semble arriver comme variante de celui de . Une autre statue nous fait connaître son titre spécial comme Horus vainqueur, il est ainsi disposé : . *χem*, signifie « le do- « minant, le maître. » Cette nouvelle légende est complétée par les mots « le dieu bon, le seigneur du diadème. »   .

La pyramide de *Šafra* se nommait *Uer*, « la Princi- « pale. » Est-ce la deuxième pyramide de Gizeh? Tout semble engager à la considérer ainsi, puisqu'elle est placée entre celles de Souphis et de Menkérès; mais la preuve manque jusqu'ici, parce qu'aucune trace de ces marques précieuses qui ont fourni la véritable attribution de la grande pyramide n'a pu être observée dans sa voisine. On ne peut plus, d'ailleurs, soutenir l'opinion mise en avant par plusieurs savants, que *Šafra* aurait été enseveli dans la chambre inférieure de la pyramide de Chéops, puisque son tombeau porte, dans les inscriptions, un nom différent et qui lui est propre.

Je considère comme le fils de Šafra le prince 〜𓎟𓃥𓃥𓏤 *Neb-em-aχu-t*, dont le tombeau, publié dans les planches de la commission prussienne, est situé à Gizeh [1]. Ses dignités sont indiquées de la manière suivante :

erpa suten sa en χa-t-f, « héritier, fils du roi, de « ses flancs; » *heb har*, « prêtre supérieur de l'ordre *Heb* » (horoscope?); *neter an en tef*, « hiérogrammate de son « père; » il arrive fréquemment que les charges des fils de roi sont accompagnées de cette mention spéciale, « de son père. »

uer sennu nte uer χet, titre que je ne comprends pas; *semer ua en tef*, « un des *semer* de son père. » Ces mots indiquent un rang éminent, mais non pas un emploi spécial; c'est plutôt une sorte de titre honorifique; je l'ai même observé dans les qualifications des femmes; peut être doit-on le comparer au titre ptolémaïque τῶν φιλῶν, qui semble cependant avoir déjà un correspondant exact dans la qualification : *meh het en suten*, « possédant le cœur du roi. » Il était enfin *her seŝeta en tef*, « chef des secrets, ou, secrétaire « de son père. » Les noms de tous ses domaines sont composés avec le cartouche de Šafra, qu'il est difficile, en conséquence, de ne pas considérer comme son père.

La mère de ce prince apparaît dans une scène où il venait lui rendre hommage [2]. La légende reproduit les titres royaux que nous connaissons déjà :

Maut-f   Hor-f   maa-t am uer-t   hes(uer)-t suten hime Meri-s-anχ

---

[1] Voyez Lepsius, *Denkmäler*, II, 12. — [2] Voy. *Denkmäler*, II, 14.

c'est-à-dire,

« Sa mère, celle qui voit son Horus, la grande des grâces, la grande des faveurs, la
« royale épouse *Meri-s-anχ*. »

Je complète le nom sans hésitation, parce que nous avons retrouvé à Sakkarah le tombeau de cette princesse. La décoration d'une fausse porte, mise au jour par M. Mariette, nous apporte la série de ses titres, qui sont ainsi disposés :

CÔTÉ DROIT.

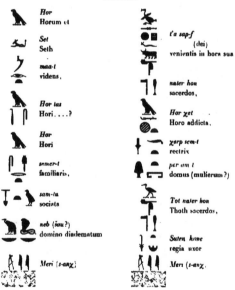

Hor	*t'a sap-f*
Horum et	(dei)
Set	venientis in hora sua
Seth	
maa-t	*nater hon*
videns,	sacerdos,
Hor tas	*Hor χet*
Hori....?	Horo addicta,
Hor	*χerp sem-t*
Hori	rectrix
semer-t	*per am t*
familiaris,	domus (mulierum?)
sam-tu	*Tot nater hon*
sociata	Thoth sacerdos,
neb (sou?)	*Suten hme*
domino diadematum	regia uxor
Meri (s-anχ)	*Meri (s-anχ)*

CÔTÉ GAUCHE

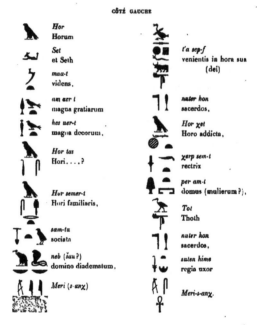

Hor
Horum

Set
et Seth

maa-t
videns.

am aer t
magna gratiarum

hes uer-t
magna decorum,

Hor tas
Hori . . . . ?

Hor semer-t
Hori familiaris,

sam-ta
sociata

neb (iuu ?)
domino diadematum,

Meri (s-anχ)

t'a sep-f
venientis in hora sua
(dei)

nuter hon
sacerdos,

Hor χet
Horo addicta,

χerp sem-t
rectrix

per am-t
domus (mulierum ?),

Tot
Thoth

nuter hon
sacerdos,

suten hime
regia uxor

Meri-s-anχ.

Nous avons déjà expliqué quelques-uns de ces titres curieux
à propos de la reine *Merti-tef-s*. L'ensemble nous montre une
épouse royale élevée au plus haut degré de dignité que pût
atteindre une reine d'Égypte. Celle qui voit l'Horus et le Seth,
c'est-à-dire le roi de la haute et de la basse Égypte. Je n'ose pas
risquer une traduction de la qualification *Hor tas*, que j'ai re-

trouvée assez souvent : peut-être 𝄞 *tas* doit-il être rapporté au radical *tes*, pris dans le sens de *extollere* [1]; mais l'absence de déterminatif m'empêche de conclure. *Hor semer·t* justifie la traduction proposée plus haut pour le mot *semer;* il signifie nécessairement l'amitié, la familiarité du roi, puisqu'il est appliqué à ses fils, à son épouse et aux grands fonctionnaires. *Sam-ta neb šau*, « unie au seigneur des diadèmes, » indique clairement une association à la dignité royale. Nous avons aussi discuté plus haut le terme ♠ *am :* il doit ici être presque synonyme de ▌ *hes*, dont le sens précis est *faveur.* ▌ ♠ ▭ *χerp sem-t am-t* est plus difficile à définir. Le sceptre ♦, qui se prononce *χerp* et *χem*, indique le commandement dans les charges nombreuses où il apparaît; ➤ *sem* signifie « diriger, « disposer [2]. » ♠ ▭ *am-t* indique la tente royale dans les camps; mais peut-être, ici, doit-on entendre un terme composé de ▭ « demeure » et ♠ *ama*, « la faveur, les femmes favo-« rites, le gynécée. » Dans les deux hypothèses, ce titre attribuerait à la reine la direction de l'intérieur de la maison royale.

Nous avons de fréquents exemples de princesses revêtues des sacerdoces des déesses Hathor ou Neith; mais les dignités religieuses de *Meri-s-anχ* sont bien plus singulières : elle est prêtresse de Thoth (ce qui implique probablement un degré d'instruction supérieure), et d'un des taureaux sacrés qui est désigné par le nom complexe de 🦆 ▦ ➤ *ta sep-f*, mot

[1] Ordinairement écrit ▭ 𝄞 *tas*. — [2] Je le crois connexe avec le copte ϭⲓϣϣⲉ, *ordo*.

à mot : « celui qui saisit son heure, son moment. » Il nous
est impossible d'affirmer qu'il s'agisse ici, soit d'Apis, soit de
Mnévis, mais il y a là une indication très-précieuse pour
l'histoire du symbolisme, puisqu'elle paraît faire coïncider·la
naissance d'un des taureaux divinisés avec une époque déterminée, dès le commencement de cette superstition.

Pour en revenir à la famille de notre reine, il est impossible
de ne pas reconnaître l'abrégé des mêmes titres et les débris
du même nom dans la légende du tombeau de *Neb-em-aχu*,
son fils, que nous avons rapportée plus haut. Il me paraît
également assez probable que cette reine est identique avec
une princesse nommée ⳼ *Meri-anχ-s*, qui est mentionnée
avec divers princes de la famille de *Xnfu*, dans le tombeau de
Xemtem [1]. Ce personnage est en effet qualifié :

Mur per en   hes uer-t   suten sa   Meri-anχ-s,

Chef de la maison de la grande favorite, la royale fille *Meri-anχ-s*.

Cette princesse serait ainsi la fille de *Xufu* et l'épouse de
Safra. Je conviens que l'identité de ces deux princesses reste
une hypothèse [2], mais je ne veux pas oublier de faire observer
que la question de la succession royale, à cette ancienne
époque, n'est pas éclaircie; peut-être le droit des filles y

[1] Voy. plus haut, p. 269. Conf. *Denkmäler*, II, 26.

[2] Le déplacement de l'*s* ne doit pas
arrêter; rien de plus fréquent que ces
transpositions de lettres dans les anciens
tombeaux, et je considère les deux noms
comme identiques, quoique l'un soit écrit
Meri-anχ-s et l'autre *Meri-s-anχ*.

jouait-il un rôle beaucoup plus important que nous ne l'avons
pensé jusqu'ici. Tous ces documents m'inspirent d'ailleurs le
soupçon que *Šafra* n'était pas le fils de *Xufu*, pas plus que
celui-ci n'était le fils de *Snefru*, car nous ne connaissons encore aucun document tendant à établir que ces premiers pharaons aient épousé leurs sœurs.

Je considère comme fils de *Šafra* le prince ⟨hiéroglyphes⟩ *S-χem-
ka-ra*, dont le tombeau était situé à Gizeh [1]. Il nous fournit
une série royale du plus haut intérêt, et sur laquelle nous reviendrons à la v⁰ dynastie. Le nom de ses domaines paraît
indiquer qu'il les tenait de la générosité de *Šafra*, et, à défaut
de meilleures preuves, il ne faut pas négliger cet indice. Il en
est de même du prince ⟨hiéroglyphes⟩ *Ra-en-kau* [2]. Je suis bien tenté
d'attribuer aussi à la famille de *Šafra* le prince ⟨hiéroglyphes⟩ *χem-an* [3],
qui se recommande à l'attention par la qualification de ⟨hiéroglyphes⟩
⟨hiéroglyphes⟩ *erpa suten sa en χa-t-f*, qui caractérise ordinairement
l'héritier du trône. Il était hiérogrammate et prêtre de son
père; l'un des familiers (*semer*) de son père; ⟨hiéroglyphes⟩
⟨hiéroglyphes⟩ *her seseta en per tuau-t*, « chef des secrets de la maison d'a-
« doration. » Il porte aussi le titre de ⟨hiéroglyphes⟩ *uer tiu per Tot*,
« le grand des cinq de la demeure de Thoth. » Le sens de
ces mots m'a été révélé par la liste des principaux sacerdoces
de l'Égypte que j'ai trouvée à Edfou; c'était le titre officiel
du premier prêtre de Thoth à *Sesun* ou Hermopolis. Le prince

[1] Conf. *Denkmäler*, II, 41.

[2] Voyez *Denkmäler*, II, 47; peut-être
prononçait-on *Kau-en-ra*.

[3] Voyez la note sur *an*, p. 7, note 1.
Conf. *Denkmäler*, II, 34. Pour le titre *erpa*,
voyez la note 2, page 34.

Ra-en-kau, cité plus haut, possédait la même dignité. Le style du tombeau de *Xem-an* est bien exactement le même que celui des précédents, mais l'absence d'un renseignement précis m'empêche de me prononcer sur son époque.

Un certain nombre de *suten-rex* ou « petits-fils royaux » doivent également être rapportés à ce règne, et leur vie s'est prolongée sous les rois suivants. Le tombeau de *Šaf-ra-anx*[1] est un des plus riches en documents : il était un des *semer* du roi, et chargé du service religieux à la pyramide de Šafra, ⌂ *se-hat'uab Šafra Uer n*.

La position de la préposition ⌂, à la fin de la phrase, montre qu'il faut lire par inversion *se-hat'uab en Uer Šaf-ra*, c'est-à-dire : « prêtre honorant la pyramide *Uer* du roi Šafra. » Son tombeau nous fait connaitre toute une famille intéressante. Sa femme, ⌂ *Har en ka*, était aussi *suten rex*, « parente du roi; » elle avait la dignité de prêtresse de *Neith*, ⌂. Son fils, nommé comme lui, *Šafra anx*, est probablement le personnage de même nom dont M. Mariette a retrouvé le tombeau à Gizeh. Celui-ci, placé à un degré plus éloigné dans la parenté royale, ne porte plus le titre de *suten-rex*; nous avons pourtant plusieurs exemples qui prouvent que la faveur du roi prolongeait quelquefois cette distinction flatteuse au delà de la seconde génération.

La connaissance du pharaon ⌂ *Men-kau-ra* (Menchérès) est une des plus belles conquêtes dues à l'exploration

---

[1] Voyez *Denkmäler*, II, 8.

des pyramides exécutée par le colonel Howard-Wyse et ses
compagnons. On sait que son sarcophage et le couvercle de
son cercueil furent trouvés dans l'intérieur de la troisième
pyramide de Gizeh [1]. La place même de cette pyramide et
l'ordre où son cartouche est introduit sur les monuments,
tout se réunit pour vérifier les deux témoignages d'Hérodote
et de Manéthon, qui se complètent ici l'un par l'autre. Menchérès était bien enseveli dans la troisième pyramide de Gizeh,
dont le soubassement de granit a toujours mérité une admi-
ration toute particulière. Cette pyramide se nommait 🜲 △
Har, « la Supérieure; » c'est une notion que j'ai recueillie dans
les légendes de deux fonctionnaires ensevelis à Gizeh [2]. Le
suten-rex 𓄟𓏏, *Uer χun* était prophète du roi *Menkaura*
⬭. On trouve parmi ses titres : 🜲 △
mur em am uer Har, « chef de la grande demeure de la pyra-
« mide *Har.* »

Une grande inscription en fort mauvais état, et provenant du tombeau d'un fonctionnaire du règne de Menchérès,
nommé 𓏏 *Tebuhen* [3], est encore plus précise; en
parlant des travaux exécutés par le roi *Menkaura,* il nomme
la pyramide 🜲 △, malheureusement après une lacune qui
ne permet pas de traduire la phrase; mais ces documents suffisent pour nous donner le nom de la troisième pyramide de

---

[1] Voy. *Pyramids of Gizeh,* t. II, p. 86,
et l'ouvrage de M. Lenormant, intitulé :
*Éclaircissements sur le cercueil de Mycé-
rinus.*

[2] Conf. *Denkmäler,* II, 43.

[3] Le signe ⬳ est ici un syllabique de
la valeur *teb* (conf. Lepsius, *Denkmäler,*
II, 39); il est accompagné de ses deux
compléments phonétiques, *t b,* qu'on pouvait écrire ou omettre à volonté.

Gizeh. L'admirable sarcophage de Menchérès, taillé dans un bloc de pierre dure, se perdit avec le vaisseau qui le rapportait en Angleterre. Nous n'en possédons qu'un dessin insuffisant; il représentait un petit édifice décoré suivant les règles simples et harmonieuses de l'architecture des premières dynasties. C'était le plus parfait modèle de ce genre de décoration, et la photographie n'existait pas encore à cette époque pour en conserver au moins une fidèle image. Le couvercle du cercueil de Menchérès, trouvé dans la pyramide et conservé aujourd'hui au *British Museum*, est d'une extrême simplicité : mais la légende qui en forme le seul ornement, quoique bien connue déjà dans la science, ne peut pas être ici passée sous silence : «O Osiris, roi de la haute et basse Égypte, *Menkaura*, vivant «pour l'éternité! Enfanté par le ciel, porté (dans le sein) de « *Nu-t*, germe de *Seb!* Ta mère *Nu-t* s'étend sur toi, en son « nom d'abîme du ciel. Elle te divinise en annulant tes enne-«mis, ô roi *Menkaura*, vivant pour l'éternité!» On voit que l'absorption de l'âme justifiée en Osiris était déjà la doctrine nationale, dont le Rituel funéraire devint l'expression complète. Il est à remarquer qu'on rapportait au règne de Menchérès la rédaction, ou du moins l'invention d'un des hymnes les plus importants de ce livre sacré; la rubrique du chapitre 64 constate qu'il apparut dans le temps du roi Menchérès, apporté par un fils royal nommé ⬛⬛⬛ *Hortutaf*[1], qui l'avait trouvé à Hermopolis en accomplissant la visite des temples.

---

[1] Voy. *Todtenbuch*, chap. LXIV, Appendice.

Nous apprenons par cette mention le nom d'un fils de Menchérès. Elle se relie bien, d'ailleurs, avec la légende conservée
par Hérodote, et qui lui attribue un zèle particulier pour la
religion.

Menkau-ra eut pour successeur immédiat le roi ![cartouche Ases-ka-f]
Ases-ka-f; la preuve de ce fait m'a été révélée dans le tombeau
de *Ptah-ases*, découvert à Sakkarah par M. Mariette [1]. Voici le
récit de ce personnage :

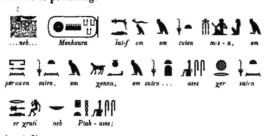

c'est-à-dire,

« Le roi Menchérès le mit parmi les enfants royaux, dans le palais du roi, dans
« l'intérieur, dans le royal . . . . ; il fut plus agréable au roi qu'aucun autre enfant,
« *Ptah-ases* [2]. »

Une seconde ligne, contenant la répétition exacte du même
texte, commence seulement par le cartouche ![cartouche Ases] *Ases-*

[1] Le texte est en colonnes verticales. Je
le remets en lignes horizontales pour la
commodité de la transcription.

[2] Le signe inconnu ▮ désigne une
partie du palais; dans d'autres légendes,
il semble en rapport avec la demeure des
femmes. Le mot ⬚ est répété à la
ligne suivante, mais par la variante ⬚
at; ce mot désigne souvent un enfant, un
jeune garçon. (Conf. *Todtenbuch,* LXXXV, 9.
⬚ *aat,* mis en parallélisme avec
hanna, «jeune »)

ka-f. Ptah-ases fut donc successivement, par ces deux rois, admis au nombre des enfants élevés avec les jeunes princes dont nous parle la légende de Sésostris. La troisième ligne continue le récit en ces termes :

... *tu-nef   hon-f   suten   se-t   uer · t   mut · ša   em   hime-t·f,*

meri   en   hon-f   un - nas   hna -f   er   sa[1]   neb   Ptah - ases.

« Sa Majesté lui donna sa fille aînée *Mat-ia*, pour être sa femme. Sa Majesté aima « mieux qu'elle fût avec lui qu'avec tout (autre) homme, *Ptah-ases*. »

On voit que cette première partie des inscriptions établit clairement l'ordre des faits : *Ptah-ases* passe sa jeunesse parmi les enfants royaux sous *Menkaura* et *Ases-kaf*, et devient le gendre de ce dernier pharaon. Les inscriptions suivantes nous le montrent comme un des principaux personnages de son époque. Malgré les dégradations qui coupent une partie des colonnes, on peut néanmoins y saisir plusieurs phrases intéressantes :

Ases   χer   suten   er   bak   neb,

« Estimé du roi plus qu'aucun serviteur. »

[1] Le phonétique pour l'homme peut être ici *sa*, « personne, individu, » ou bien *ret*, « homme. »

Her   seseta   en   katu   neb-t   merer-t   hon-f   ari-t-s,

« Chef du secret (ou secrétaire) de tous les travaux qu'il plaisait au roi de faire. »

Snefer   het en   neb-f   ra neb   Ptah-ases,

« Celui qui charme le cœur de son seigneur, chaque jour, *Ptah-ases.* »

Er-ta   hon-f   sen-f   šen-f,   an   er-tu   en ' hon-f   sen-f   ta,

Ptah-ases.

« Sa Majesté lui a accordé de toucher ses genoux et l'a dispensé de se prosterner jus-
« qu'à terre, *Ptah-ases* [1]. »

Ha - f   er   utes - natsru   em   hebi - u   neb en   šau,   meri en

neb-f,   Ptah-ases.

« Il entre dans la barque *Utes-natsru* [2] dans toutes les panégyries (des diadèmes ?) [3],
« l'aimé de son seigneur, *Ptah-ases.* »

[1] L'expression « *sen-ta*, respirer la terre, »
pour « se prosterner, » est usuelle. Le mot
à mot est donc, pour ces deux expressions,
« toucher de la figure les genoux ou les
« pieds, » et « toucher la terre. »

[2] La barque *Utes-natsru*, c'est-à-dire
« celle qui porte les dieux, » doit sans doute
s'entendre ici du navire sacré portant le
dieu principal de la cérémonie ; le roi y est
ordinairement figuré à genoux.

[3] Sans doute les fêtes du couronnement et les fêtes éponymes du roi ; une
autre phrase constate son droit de suivre
le roi partout dans ces mêmes fêtes. Cependant, comme le terme ▰ est aussi
le terme propre pour les « sorties solen-
« nelles des dieux, » il peut être ici simplement question de ces sortes de processions, qui paraissent avoir constitué une
partie très-importante des grandes fêtes.

Les charges de notre personnage étaient nombreuses et variées; leur interprétation présente des difficultés, car ce sujet
a encore été fort peu élucidé en ce qui touche les monuments
du premier âge. Étudions d'abord celles qui paraissent avoir
un caractère civil :

Mur   as - t   t'efa,

« Chargé de la maison des provisions de bouche. »

Les tributs versés en nature rendaient cette fonction très-importante, ainsi qu'on peut le voir par l'histoire de Joseph.

Her   seïeta,   χerp   hat   tahen - t,

« chef du secret, » (titre très-général, qui répond parfaitement
à l'idée de secrétaire royal, et s'applique à divers départe-
ments de l'administration), et « chef de la maison du *Tahen,* »
substance qui me paraît être une sorte de bronze[1]. Cette charge
peut être reliée à la suivante : *χerp ba-t uba neb.*
Il faut peut-être lire par inversion *χerp uba neb ba-t,* car le sens
me paraît être : « chef de tout ouvrier des mines; » est le
terme employé pour les mines et les carrières de toute espèce[2].

---

[1] Conf. *papyrus Anastasi* IV, xvi, 8,
description d'un char. Une autre substance, *tahen,* figure parmi les résines
et les parfums. (Voyez *Denkmäler,* II,
p. 69.)

[2] Le polyphone a un domaine très-
varié; on lui connaît déjà les valeurs *hime,*
« femme, » *ba-t,* « mines, » *hent* et *pehu,*
« étangs ou marais. »

J'ai déjà eu occasion de remarquer que l'inversion est une règle presque constante, à ces premières époques, dans l'écriture des charges et dignités. La prononciation du nom des rois pourrait nous engager cependant à croire qu'à la lecture on remettait quelquefois les mots dans leur ordre logique de dépendance grammaticale. Il me paraît néanmoins plus sage de laisser, dans la transcription, tous les mots d'une phrase dans l'ordre où nous les rencontrons. La phrase suivante n'est évidemment qu'une variante du même emploi :

Sben   ba-t   ubc-t   neb   χer   saten,

« Celui qui se rend agréable ? (au roi,) par rapport à tout ouvrage de mines [1]. »

Les charges sacerdotales de *Ptah-ases* sont aussi très-nombreuses et pleines des détails les plus intéressants pour l'étude de la ıvᵉ dynastie. Il se qualifie d'abord généralement :

Amaχu en   Ptah,   ari   merer-t   nater-f,

« L'attaché à Ptah, faisant les volontés de son dieu. »

Il était prophète de Ptah, ▨▨▨ *Ptah nater hon*, et d'Osiris [2],

---

[1] Toute la difficulté est sur le mot *ben*, déterminé par la palme, et qui signifie ordinairement « amour, plaisir, agrément; » il peut signifier ici « exceller. » En effet, *ben* est modifié par le *s* initial causatif.

[2] Si toutefois, dès cette époque, *Sekru* était déjà identifié à Osiris, ce qui n'est pas certain.

sous le nom de *Sekru* (ou *Sokaris*) : *Sekru nuter hon.*
Plus loin ce titre est développé :

Sekru nuter hon em   az-tu-f   neb   χent   tanen-t,

« Prophète de Sokaris dans toutes ses résidences, dans *Tanen*. »

Ce nom géographique n'a pas encore été identifié avec une localité connue; il me semblerait désigner ici une division de l'Égypte plutôt qu'une ville. Voici encore une qualification qui se rapporte à Sokaris :

Χerp seχe-t   suten   henk[1]   *sekru   mar   per,*

« Gouverneur du domaine de la donation royale, chef du temple de Sokaris. »

Voici la variante du même emploi :

Uer   χerp uba,   sekru   mar   per,   χerp   seχe-t.

Grand chef de l'œuvre[2], chef du temple de Sokaris, commandant du domaine.

Le titre suivant développe la dignité du sacerdoce de *Ptah* :

Uer   χerp aba   em   per-ti   aa   Ptah   en   hu-t.

Grand chef de l'œuvre dans la double maison antique de la demeure de Ptah.

[1] Le signe a plusieurs prononciations : *seχe-t*, qui répond au copte ϭⲩϭⲉ *ager*, se trouve fréquemment à Sakkarah. , symbole du don, est un polyphone; le complément fait reconnaître ici le mot *henk*, qui est une de ses prononciations.

[2] *Uer χerp uba*, «Grand chef de l'œuvre,» tel était le titre officiel du prêtre de *Ptah* à Memphis. Le fait est prouvé par la liste des principaux sacerdoces de chacun des nomes d'Égypte, que j'ai relevée à Edfou. Il s'appliquait aussi au prêtre de *Sekru*, que ce renseignement rapproche de *Ptah*.

Je ne saurais définir exactement le lieu ainsi désigné, mais je
suppose qu'il s'agit du plus ancien temple de Memphis Il était
également « chef de l'œuvre » dans ⬜⬤⬜ *per-ti en ra heb,*
« la double demeure de *Ra-heb* ou *Heb en ra*, » localité qui ne
m'est pas connue. Hathor y avait un temple, dont *Ptah-ases*
était également prophète : ⬜⬜⬜⬜ *Hathor*
nater hon em as-tu en ra-heb.

Les titres qui se rapportent au culte du soleil sont particulièrement importants ; ils nous aideront à définir des mentions
très-curieuses, qui ne semblent pas avoir été remarquées jusqu'ici, quoiqu'elles se rencontrent fréquemment dans les tombeaux de la ıvᵉ et de la vᵉ dynastie.

Ra   Har (em)   aχu-t   nater hon em   ra-as het,

c'est-à-dire, « Prophète de Ra-Armachis, dans (une localité
« nommée) *Ra-as-het* (place du cœur de Ra), » et déterminée
par un obélisque posé sur une pyramide tronquée. Trois sacerdoces semblables étaient dévolus à *Ptah-ases*. Les deux autres
monuments sont nommés : ⬤⬜ *Ra-sep* et ⬤⬜
⬜ *Ra-sepu-het*. Ces trois titres sont souvent réunis ; ils dé-
signent certainement des monuments consacrés au soleil, et
dont les inscriptions, si finement gravées à cette époque, nous
donnent un profil exact. *Ptah-ases* était encore prophète de *Ma*
et d'*Horus*, ainsi que du dieu ⬜ *Tat-as* qui me paraît un des
noms d'Osiris. Cette liste est enfin terminée par le dieu ⬜⬜

◢ 🦅 ⟋ *Xer-bak-f* [1], dans une localité inconnue nommée
🐕 ⟋ *Matef-t.*

On voit que le pharaon *Ases-kaf* avait accumulé sur la tête
de son gendre toutes sortes de faveurs; son tombeau est d'un
excellent style et répond bien à l'idée que nous pouvons nous
faire d'un semblable personnage. Ces détails permettent aussi
d'apprécier la variété et l'abondance des fondations religieuses
déjà effectuées par les premiers successeurs de Ménès, et les
édifices de toute espèce dont Memphis et ses environs devaient
être enrichis, indépendamment des monuments funéraires qui
seuls ont survécu.

Le nom du roi *Ases-kaf* se retrouve dans un certain nombre
de tombeaux, surtout à Sakkarah; je me bornerai à appeler
l'attention sur un personnage de son temps nommé *Ases-kaf-
an*χ, et qui paraît avoir joué un rôle important; il était revêtu
du sacerdoce commémoratif de Souphis [2]. Mais il possédait, en
outre, les titres de 🐕▭ 𓊪▭ 𓏏🏠▭ *Mar per ha-t aa,*
per seša, « gouverneur de la grande demeure; » c'est-à-dire, sans
doute, du palais et « de la maison des écritures, » une biblio-
thèque qui serait bien plus précieuse pour nous que celle
d'Alexandrie! Enfin il était « gouverneur ou surintendant des
« maisons des jeunes princes, » 🐕▭ ⊢𓏤 𓀀𓁐 𓊖 *mur suten
mes-u per-u* [3]. Ce personnage a vécu jusque sous *Nefer-ka-ra,*

---

[1] « Celui à qui appartient l'arbre *bak.* »
Je pense que c'est encore un surnom d'O-
siris.

[2] V. *Denkmäler,* II, 5o. Son tombeau
est à Gizeh.

[3] L'inversion se reconnaît facilement
dans ce titre et dans tous ceux qui sont
d'une composition analogue. Les substantifs exprimant une idée honorable sont
écrits avant le mot qui les gouverne.

mais son nom donne lieu de penser qu'il est né sous *Ases-kaf*.

On a comparé déjà plusieurs fois le nom d'*Ases-kaf* à celui d'*Asychis*, cité par Hérodote comme un sage législateur et comme ayant construit la célèbre pyramide de briques. L'historien grec le donne comme successeur de Mykérinos; son identification avec notre pharaon prend donc une certaine consistance du fait de la succession que nous venons de démontrer.

Je n'ai pas rencontré dans toutes ces légendes le nom de la pyramide d'*Ases-kaf*, mais il figure sur un fragment de diorite appartenant, je crois, au musée de Palerme, et dont j'ai reçu l'empreinte par les soins de M. Amari. Ce monument très-curieux, et sur lequel je reviendrai plus d'une fois, constate toutes sortes d'offrandes, fondées pour diverses fêtes par les rois *Ases-kaf*, *User-kara*, *Sahura* et *Nefer-kara*, qu'il introduit, successivement et sans lacune, dans leur ordre historique. L'inscription mentionne le tombeau d'*Ases-kaf* sous la forme suivante :

 Ases-kaf keb. Ce nom répondrait exactement à l'expression *locus refrigerii*, car *keb* signifie « fraîcheur; rafraî-« chir. » Cette trouvaille complète heureusement la série des pyramides de la iv⁰ dynastie.

§ III.

MONUMENTS DE LA Ve DYNASTIE DE MANÉTHON.

Avec le successeur d'*Ases-kaf* commence une série de rois qui correspond à la ve dynastie de Manéthon. Le tableau qui suit fera voir que ce rapport est indubitable; il a frappé, d'ailleurs, tous mes devanciers.

Ve DYNASTIE DE MANÉTHON.

		MANÉTHON DANS L'AFRICAIN.	PAPYRUS DE TURIN.		TABLE DE SÉTI Ier.	TABLE DE SAKKARAH.	MONUMENTS DIVERS.
		Ans.	Ans.				
35*	1	Userchérès... 28	........(18?)		*Usurkaf.*	*Usurka...*	*Usurkaf.*
36*	2	Séphrès..... 13	 4		*Sahu-ra.*	*Sahu...*	*Sahu-ra.*
		"	 2		*Kaka.*	"	*Kaka.*
37*	3	Néphercbérès. 20	"...ka... 7		*Nefer(erkara?)*	*Neferarkara.*	*Neferarkara.*
		"	 12		"	"	(*Ahtes?*)
38*	4	Sisirès...... 7	" effacé.		"	*Aseskara.*	"
39*	5	Chérès...... 20	 7		"	"	*Akau-hor.*
		"	Effacé.		"	(*Ra-ka-nefer?*)	"
40*	6	Rathourès... 44	 25		*Ranusur.*	"	*Ranusur=An.*
41*	7	Menchérès... 9	*Men-ka-hor.* 8		*Men-kau-hor.*	*Men-kau-hor.*	*Men-kau-hor.*
42*	8	Tanchérès... 44	*Tat.* 28		*Tat-ka-ra.*	(*Ma?*)*ka-ra.*	*Tat-ka-ra=Assa.*
43*	9	Obnos...... 33	*Unas.*..... 30		*Unas.*	*Unas.*	*Unas.*

(dans la marge verticale: Fragment n° 34.)

Nota. — Les deux cartouches marqués d'un " étaient plus longs que les deux autres et paraissent mieux convenir aux deux noms desquels je les rapproche. (Voy. la planche III, n° 34.)

Le fragment n° 34 du papyrus de Turin, où l'on ne peut plus lire que les trois derniers cartouches, nous jette dans un grand embarras quant à l'attribution des chiffres d'années qu'il nous donne ici pour douze règnes consécutifs. En outre, les monuments nous apportent, vers le milieu de la dynastie, quelques noms de rois ayant évidemment un rôle très-secondaire, et dont la place exacte est difficile à déterminer, car ils sont omis dans presque toutes les séries. Nous arrivons ici à un chiffre d'environ douze cartouches, et rien n'empêcherait que ce nombre eût été un peu plus considérable, du moment où nous voyons entrer dans les listes des personnages auxquels on pourrait supposer un caractère semblable à celui des Césars sous les empereurs romains. C'est une idée qu'inspireraient naturellement, et les traces si légères qu'ils ont laissées sur les monuments nombreux de cette époque, et les chiffres minimes qu'on rencontre fréquemment dans le papyrus. Quant aux principaux pharaons qui composent la charpente essentielle de cette dynastie, la liste de l'Africain est peu altérée. Six noms au moins, sur neuf qu'elle contient, ont gardé leur forme égyptienne presque intacte et leur place relative dans la dynastie. Il me reste seulement un doute très-sérieux sur la qualification de dynastie d'Éléphantine, donnée à ce groupe de rois; je ne vois, quant à moi, aucun changement qui puisse faire admettre la justesse de cette dénomination. C'est à Memphis que se maintient le siége du pouvoir, et tous les monuments indiquent une continuation parfaite de la série memphite; je n'hésite donc pas à considérer cette désignation

comme ayant été mise hors de sa véritable place, dans les
listes.

Le renseignement décisif pour l'agencement de ces rois, à
la suite de ceux que nous venons d'étudier, se trouve à Gizeh
dans le tombeau du fils royal, ⊐⌐✠⎍ *Se-χem-ka-ra*[1]. Les
cartouches y sont ainsi disposés :

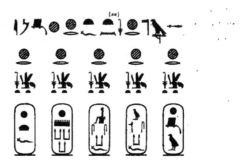

Le discours est parfaitement clair : tous les substantifs sont
régis par la particule *χer*, qui dépend du mot *amaχu*, « l'at-
« taché, le dévoué. » *Amaχu χer tef suten, χer nuter aa, χer suten
χab Šaf-ra, χer suten χab Men-kau-ra, χer suten χab Ases-ka-f,
χer suten χab Usar-ka-f, χer suten χab Sahu-ra.* « L'attaché
« au roi son père, au grand dieu, aux rois *Šafra, Menkaura,
« Aseskaf, Usurkaf* et *Sahura*. » Le renseignement semble plus
précis que lorsqu'il s'agit de la série des sacerdoces; le prince
paraît nommer les rois qu'il a servis dans le cours d'une vie

[1] Voyez Lepsius, *Denkmäler*, II, 42.

probablement fort longue, puisqu'elle embrasse cinq règnes importants : je le considère comme un fils de *Šafra*. Nous avons dit plus haut que le monument de Palerme énumère les fondations pieuses des quatre rois *Ases-kaf, Usur-kaf, Sahu-ra* et *Nefer-arkara*, dans un ordre tout semblable et qui confirme parfaitement l'inscription de *Seχemkara*. Le cartouche *Usur-ka-f*[1] répond très-bien à la transcription grecque « Userchérès. » La terminaison *rès* est tellement fréquente à cette époque, qu'on en comprend facilement l'addition sous la main d'un copiste. La tête de la v° dynastie manéthonienne étant ainsi bien reconnue, il résulte de notre inscription que les trois derniers noms de la iv° dynastie, dans la liste de l'Africain, n'ont pas de place chronologique sur les monuments : Bichérès, Seberchérès et Tamphthys sont évidemment interpolés dans cet endroit.

Le nom de la pyramide d'*Usnr-kaf* était déjà connu, *Uab asu*[2]; elle est quelquefois citée dans les tombeaux de Sakkarah. Son nom d'enseigne, *Hor ari ma-t*,

---

[1] Le signe ⌐ a fait longtemps notre désespoir; après avoir proposé les lectures *sesur* et *t'esur*, j'en reviens, avec tous les égyptologues, à la lecture primitive *usur*. Les variantes du groupe ne sont pas rares dans les noms propres memphites; la preuve n'est cependant pas complète, parce que, à cette époque, les caractères sont souvent tracés dans un certain désordre. Le cartouche d'*Usurkaf* lui-même se présente sous les trois formes : notamment dans le cylindre du musée du Caire, sur lequel on lit ces trois variantes. On voit que la présence de la voyelle n'est pas une preuve absolue pour la lecture *usur*. La dernière variante semblerait indiquer la valeur *sar* pour le signe ⌐, ce qui n'exclurait pas une forme *usur* avec une voyelle initiale : tel est le système auquel je m'arrête provisoirement comme rendant mieux compte des variantes connues.

[2] Voyez Brugsch, *Monuments*, 1862, pl. VII. Ce nom pourrait être traduit : « la plus sainte des demeures. »

est inscrit sur un cylindre appartenant au musée du Caire, où il accompagne le cartouche. On peut traduire cette légende par « le dieu faisant justice. » Le personnage le plus intéressant que nous ayons rencontré parmi les contemporains plus spéciaux d'*Usurkaf* se nommait ⬤⬚ *Num-hotep*. Il porte le titre ⬚⬚ *samer ua*, « l'un des familiers du roi; » ses emplois méritent d'être étudiés.

Cette colonne contient deux titres. Le second, *Usurkaf nuter hon*, indique le sacerdoce ordinaire du roi. Le premier se compose de *sehat' nab*, « prêtre qui glorifie » ou « qui honore, » titre très-fréquent. L'objet de son culte est ici *Ra*, « le soleil, » avec la qualification de ⊙ *sep*, qui, suivant une opinion récemment proposée par M. Brugsch, aurait désigné la période de quatre années fixes [1]. Le monument qui sert de déterminatif est certainement l'endroit où *Num-hotep* exerçait son sacerdoce. Le disque solaire y est figuré à la pointe d'un obélisque, qui repose lui-même sur une pyramide tronquée On ne peut se défendre de penser qu'un semblable monument était une sorte de gnomon gigantesque. Si l'on suppose un obélisque posé sur le premier degré de la pyramide de Meydoun, ou bien sur le Mastabat-el-Faraoun, on aura

Ra

sep

se hat'

nab

Usurkaf

nuter hon

---

[1] M. Mariette a proposé, comme modification à ce système, de reconnaître, dans le mot *sep*, simplement un nom de l'année fixe. Cette idée serait plus acceptable, sans réunir encore toutes les preuves désirables quant à l'attribution *exclusive* du signe ⊙ *sep* à l'année fixe. On manque, jusqu'ici, de documents précis sur cette question.

une idée assez exacte du monument dédié à *Ra-sep*. Il est à
remarquer que l'obélisque nous apparaît ici avec un rôle bien
différent de celui que nous lui connaissions dans le second
empire.

Deux autres parties du service sacerdotal de *Nam-hotep* doivent également être mentionnées :

Hathor nater-hon χent   Usur-kaf   uab - asu ,

Prophète d'Hathor au tombeau *Uab-asu* d'*Usurkaf.*

Nous apprenons ainsi que, dans l'édifice annexé à la pyramide, et où l'on célébrait les cérémonies en l'honneur du roi,
on admettait d'autres divinités, dont le sacerdoce pouvait être
l'objet d'une fondation spéciale. La légende suivante doit être
interprétée d'après le même principe.

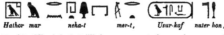

Hathor mar   neha-t   mer-t,   Usur-kaf   nater hon ,

Prophète d'Usurkaf, aimé d'Hathor, gouvernante du pays du sycomore [1].

Je crois que c'est ainsi qu'on doit entendre la construction
logique de cette phrase, et qu'il s'agit d'une nouvelle dénomi-
nation de la même divinité, vénérée au tombeau d'*Usur-kaf.*

Le successeur de ce pharaon a laissé des souvenirs historiques très-importants. La table de Karnak, qui n'avait choisi

[1] Cette désignation s'entend de l'É-
gypte : elle pourrait néanmoins appartenir
aussi à quelque localité particulière. (Voy.
Brugsch, *Géographie*, t. I, 74.)

que *Snefru* dans la famille précédente, avait inséré après lui le cartouche de ⬭ *Sahu-ra*, qui correspond évidemment au Séphrès de la liste grecque[1].

Le cartouche de *Sahu-ra*, tracé à la sanguine, est encore visible dans plusieurs blocs de la pyramide, au nord d'Abousir: ce roi y fut certainement enseveli, et une des nouvelles tombes de Sakkarah nous a rendu le nom du monument : il se nommait ⬭ *Ša-ba*, ce qu'on peut traduire par « l'âme « se lève ou apparaît. » Ce nom de tombeau est donc une promesse de résurrection. La stèle d'Ouadi-Magarah, qui atteste une expédition dans la presqu'île du Sinaï, montre *Sahu-ra* assommant un ennemi :

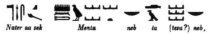

Nater aa sek   *Mentu*   *neb*   *ta*   (*tesu?*) *neb*,

Le grand dieu détruit tous les *Mentu* et frappe toutes les nations.

Ce nom propre se rapproche de *menau*, « pasteurs; » cependant je le crois différent[2].

[1] Probablement ΣΕΧΡΗΣ, dans l'origine, car l'article *p*, qu'on pourrait soupçonner dans *Séphrès*, n'apparaît jamais dans ces noms anciens. M. Lepsius donne, pour la devise de son nom d'enseigne, ⬭ *Hor neb šau;* mais, d'après la place de cette légende sur le monument d'*Ouadi-Magarah*, il serait possible qu'elle représentât seulement le titre ordinaire : « Seigneur des diadèmes. » Les variantes de la forme du signe principal de ce cartouche ont fait hésiter longtemps sur sa lecture; outre la forme ⬭, que je crois devoir être rapportée au type ⬭, qui se lit *sahu*, on trouve aussi parfois ⬭, qui se lit ordinairement *amaχu*. Le monument d'Ouadi-Magarah emploie la forme ⬭, et les textes les plus récents se servent du signe ⬭, qui comporte plusieurs variantes, et dont la lecture est également *sahu*.

[2] Voyez Brugsch, *Géographie*, t. III, 56, 63. Pour le sens du verbe *Tu*, voyez le bas-relief de Snefru. (*Denkmäler*, t. II, 2.) Ce roi y est également figuré frappant un ennemi, et le verbe *ta* exprime cette action.

Parmi les monuments les plus intéressants du règne de
Sahu-ra, on doit citer le tombeau du prince *Seχem-ka-ra*, à
Gizeh [1], qui nous a fourni l'importante série de cartouches
cités plus haut; il vécut jusque sous le règne de notre pharaon. Il est entouré de quatre fils : *Seχem-ka-ra*, *Har-šaf*,
Saf-ra-šaf et *Saf-ra-tat*, qui portent tous le titre de *suten-reχ*.
Leur mère avait le même rang, et son nom *Xufu. . . t*,
quoique altéré, nous indique probablement une petite-fille
de Souphis.

Sakkarah nous a aussi montré une belle tombe de ce règne,
celle de ~~~~ *An-χefte-ka* [2]. Il était *An-χefte-ka* [2]. Il était
Sahu-ra Ša-ba uab, « prêtre de la pyramide *Šaba* de
« *Sahura*. » Il avait aussi le sacerdoce de la pyramide d'*Usur-
kaf* et du monument *Ra-sep*, qui sont encore intimement joints
dans cette légende, plusieurs fois reproduite :

Ra uab   em   Ra sep,   Usar-kaf,   uab asa   se-hat'uab,

Prêtre de *Ra* à *Rasep*, prêtre glorificateur de la pyramide *Uab-asu*, d'*Usur-kaf.*

Je remarque encore, parmi ses titres, celui de
per-aa mur sekabu, « chef de la maison de ra-
« fraîchissement du pharaon; » peut-être le sommelier du roi [3],
et celui de *semer her ua-tu merer*

---

[1] *Denkmäler*, II, 41.

[2] Avec la variante ~~ pour ⊔, comme
dans presque tous les noms analogues.

[3] Le « lieu de rafraîchissement » peut
néanmoins s'entendre aussi du tombeau.
L'expression serait bien égyptienne.

neb-f, que j'interprète par le droit d'accompagner le roi dans ses voyages, mot à mot : « compagnon dans les chemins qui « plaisent à son seigneur. »

L'épouse d'*An-χefte-ka* se nommait ⏧⏧⏧ *Nefer-hotep-s;* elle était *saten-reχ* et prophétesse d'Hathor et de Neith. Elle prend, comme beaucoup d'autres dames égyptiennes, la qualification de ⏧⏧⏧ *ameχ-tu χer ha-s,* « l'attachée « à son mari. »

Le culte funéraire de *Sahu-ra* se continua jusque sous les Ptolémées, et son sacerdoce est quelquefois cité dans les monuments des derniers temps. Un débris de son cartouche est parfaitement reconnaissable dans la table de Memphis, entre ceux d'*Usur-kaf* et de *Nefer-as-ka-ra.* Il figure à la même place sur la pierre de Palerme. Je crois que nous devons encore reconnaître un souvenir de ce roi dans le nom d'une ville, nommée ⏧⏧⏧ *Pa-sahura;* elle devait être bien voisine d'Esneh, car les dieux de son temple étaient fréquemment transportés solennellement à *Pa-sahara,* suivant les prescriptions d'un rituel que le calendrier d'Esneh nous a fidèlement conservé.

La table de Séti Ier place, après *Sahara,* un roi dont nous ne connaissions que le nom, et qui a été omis dans la liste de Manéthon. Son cartouche ⏧⏧⏧ avait été rencontré dans la tombe de *Senot'em-het* [1], contemporain d'*Assa.* Ce personnage possédait divers domaines, qu'il tenait peut-être de la

---

[1] Le nom ⏧⏧⏧ est écrit avec diverses variantes équivalentes. (Voy. *Denkmäler,* II, 75 et suiv.

générosité de *Kaka*. Il les avait nommés ⟨hieroglyphs⟩
Kaka-uaš-biu et ⟨hieroglyphs⟩ *Kaka-teš-biu*. Le premier
nom s'interprète facilement : « l'invocation des esprits du roi
« *Kaka*. »

Un petit-fils royal, enseveli à Gizeh, rappelle le même souverain par la composition de son nom propre ⟨hieroglyphs⟩
Kaka-anχ. Nous aurons enfin complété les traces si légères
que ce règne a laissées sur les monuments, en disant que nous
avons lu le même cartouche, tracé à la sanguine, sur le revers de divers blocs de pierre employés au tombeau de *Ti*, à
Sakkarah, qui fut décoré sous les règnes suivants. Un vase de
substance précieuse, peut-être un don du roi, porte, dans le
même tombeau, le nom de ⟨hieroglyphs⟩ *Kaka hek*. La liste
de Séti Ier n'ayant pas encore été prise en défaut, quant à
l'ordre des cartouches, au milieu de toutes les vérifications
que les inscriptions nous ont fournies, nous devons enregistrer
Kaka comme le successeur de *Sahura*.

Un autre pharaon, dont la place précise reste inconnue, est
nommé dans les mêmes circonstances et dans le même tombeau de *Senot'emhet*. Un domaine y porte le nom de
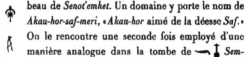
Akau-hor-saf-meri, « *Akau-hor* aimé de la déesse *Saf*. »
On le rencontre une seconde fois employé d'une
manière analogue dans la tombe de ⟨hieroglyphs⟩ *Semnefer* [1]. Il faudra nous contenter de compter *Akau-hor* parmi
les rois de la ve dynastie antérieurs aux trois derniers règnes,

---

[1] *Denkmäler*, II, 80.

jusqu'à ce qu'un document plus explicite détermine son rang avec exactitude. Son rôle historique doit avoir eu bien peu d'importance.

A l'exception de la table de Séti Ier, qui ajoute le nom de *Kaka*, toutes les séries monumentales placent au troisième rang le cartouche (⬭) *Nefer-ar-ka-ra*, qui répond à Népherchérès, en négligeant, comme la liste grecque, les règnes de moindre importance. On ne connaît pas encore la devise d'enseigne de ce pharaon, mais nous avons rencontré à Sakkarah le nom de sa pyramide 🦅▲ *Ba,* dans le tombeau de 🦅⬭ *Xut-hotep her.* Ce personnage était *suten-re*χ, prophète de la déesse *Ma* et du soleil dans ●▨✦▲ *Ra-šep-het,* monument dont nous avons déjà parlé. Gizeh et Sakkarah renferment divers tombeaux dont les possesseurs ont vécu sous *Nefer-ar-ka-ra.* Ils ont déjà fourni une série de planches très-intéressantes à la commission prussienne. Le *suten-re*χ 🦅●🦅 *Uer-*χ*au* nous a particulièrement laissé des inscriptions assez développées, et sur lesquelles nous reviendrons plus loin. Leur étendue plus considérable est peut-être due à ce que ce personnage était plus adonné qu'un autre aux occupations littéraires. La série de ses titres montre, en tout cas, un fonctionnaire fort occupé :

Per-aa-t suten   an,   sab   mar   seïa, sab se-hat' seïa en ha-uer, . . .

am   ar-t   nte   χenna;

« Scribe royal du palais, docteur (ou savant), chef des écritures, docteur qui met en
lumière les écritures de la grande double demeure, de la grande demeure du χennu [1].

Un autre titre civil se présente sous les deux formes suivantes :

[hieroglyphs] *se-hat'er spera*, « celui qui met en lumière les re-
« quêtes [2]. »

[hieroglyphs] χ*erp seša er spera retu*, « chef des
« écritures pour les requêtes des hommes. »

Le titre [hieroglyphs] *se-hat' seša en ap-t*, « celui qui met en lu-
« mière l'écriture (du contrôle?) [3], » est probablement aussi relatif à des fonctions administratives élevées. Parmi d'autres
titres plus difficiles à comprendre, je remarque encore celui de
[hieroglyphs] *se-hat' seša pere hur*, « celui qui préside aux écri-
« tures de la maison du domaine rural (?) » et [hieroglyphs] *mur
as t'efa*, « chef de la maison des provisions. » Il unissait à ces
emplois une charge militaire : [hieroglyphs]
[hieroglyphs] *mur maša nefer šerau*, « chef de l'infanterie des bons jeunes
« gens, » qualification ordinaire des jeunes soldats. Quant à ses
bénéfices religieux, ils se composaient de la charge de prophète
de *Ma* et du soleil à l'obélisque [hieroglyphs] *As-het*, ainsi que des rois
Menkara et *Nefer-ar-ka-ra*.

---

[1] Le χennu, qui signifie *intérieur*, comprenait une quantité de services publics
très-variés. Le titre [hieroglyph] *sab* peut se comparer au copte ⲤⲀⳞⲞ *doctrina*.

[2] [hieroglyph] abrégé de [hieroglyph] *sper: plainte,
prière*, et, comme verbe, *se plaindre, prier ;*
d'où vient le copte ⲤⲈⲠⲤⲰⲠ de même
signification. J'ai donné cette valeur, il y

a bien des années, dans l'étude sur la
statue naophore du Vatican ; M. Brugsch,
qui l'avait contestée, s'y est rallié depuis.
(Voy. Brugsch, *Histoire d'Égypte*, p. 268)

[3] [hieroglyph] *ap* signifie *distinguer, juger ;* je
regarde les *suten-ap*, mentionnés dans
les inscriptions des carrières, comme des
tournées d'inspection.

Le beau tombeau d'*Ai-meri*, à Gizeh [1], doit avoir été construit sous ce règne; la mention du sacerdoce de Xufu l'avait fait reporter bien plus haut, mais les inscriptions prouvent clairement qu'il a vécu jusque sous *Nefer-ar-ka-ra*. Sakkarah conserve aussi plusieurs tombes du même temps; la plus importante est celle de ▦ 𓀁 *Pahenuka*. Ses charges civiles étaient nombreuses; voici celles dont la traduction me semble abordable avec quelque certitude :

mur šenti-u, « chef des greniers ou ma-« gasins. »

mur per-ti hat', « chef de la maison double « du trésor. »

mur as-ta hotep-ta t'efau, « chef des lieux des offrandes de denrées. »

Ces trois titres pouvaient constituer une sorte de ministère des finances, car les revenus de l'État devaient avoir pour principale source les impôts en nature.

Pahenuka était aussi *mur katu neb nte suten*, « chef de tous les travaux du roi. » *mur suten seša ta* [2], « chef des écritures du roi, » et *her seseta en utu t'ut neb nte suten*, « chef du secret

---

[1] Voyez Lepsius, *Denkmäler*, II, 49.

[2] Le mot le plus usité dans l'ancien style, pour l'écriture, est ═ *seša*; par une exception assez rare, l'aspiration s'est durcie dans ce mot, qu'on trouve plus tard sous la forme 𓊄 *Seχai*, le copte ⲥϧⲁⲓ. Mais, dans le groupe 𓉐═, il me semble qu'il y a deux mots, à cause de la place du ═; je n'ai pas trouvé de variantes qui éclaircissent complétement cette lecture. Comparez cependant ═ *Ta-t*, « livre, » stèle de Bachtan, l. 9 et 𓊪 *tui pers anχ*, nom des hiérogrammates dans le second décret bilingue de Philæ. Ces exemples prouvent qu'il existait un mot *ta* signifiant un écrit.

« de toutes les paroles prononcées par le roi; » c'est évidemment une sorte de secrétaire d'État. Il avait également des bénéfices religieux, qui nous attestent l'existence de la déesse *Haku-t* et de *Har-ka*, forme d'Horus, qui ne nous est pas bien connue [2], et qui peut signifier *Horus le Grand*. Son épouse porte le titre de prophétesse de Neith.

Je place, sous toutes réserves, dans le tableau de la ve dynastie et après Népherchérès, un cartouche sur lequel je n'ai qu'un seul renseignement, à savoir, qu'il est cité dans les inscriptions de la pierre de Palerme, au milieu des offrandes fondées par *Nefer-ar-ka-ra*. La phrase est très-fruste, mais on distingue parfaitement les signes qui composent le nom propre, d'ailleurs inconnu, *Ahtes*.

Le successeur de *Nefer-ar-ka-ra*, dans la série monumentale, est intéressant à plus d'un titre. Il est probable qu'il nous apporte le premier exemple du double cartouche; c'est au moins le premier qu'on ait pu constater. *Ra-n-asur*, qu'il faut peut-être lire par inversion *Usur-en-ra*, doit être considéré comme un nom royal pris à l'époque du couronnement; le second cartouche, *An*, étant le nom propre véritable du personnage. Voici le monument qui rend cette identification certaine à nos yeux, et qui l'avait fait également ment adopter par M. Brugsch. Une statuette appartenant à M. de Bunsen porte sur ses deux côtés deux légendes exactement semblables et attestant qu'elle a été dédiée par le roi

---

[1] Les variantes prouvent que le signe ne dérange pas ici la prononciation; il a probablement la valeur à dans ce mot, comme dans quelques autres.

Usurtasen, d'un côté à son père (ancêtre) [1], le roi *Ra-n-usur*, et, de l'autre côté, à son père le roi *An*. La légende est extrêmement claire, et, comme une même figure ne peut pas avoir représenté deux personnages différents, je ne doute pas, quant à moi, que les deux cartouches n'appartiennent au même roi [2]. Cette notion se relie d'ailleurs à la présence du cartouche du roi *An* dans les tombeaux du temps des successeurs de *Ra-n-usur*, renseignement qui affirme l'existence d'un roi *An* vers cette même époque.

L'établissement égyptien d'Ouadi-Magarah a continué de prospérer sous son règne. Une stèle de cette localité a fait connaître sa devise d'enseigne ▮✦ ▭ *As het ta-ti;* et son nom, tracé à la sanguine sur un des blocs de la moyenne pyramide d'Abousir, a indiqué la place de son tombeau. Nous pouvons ajouter aujourd'hui à ces renseignements le nom de cette pyramide, que nous avons lu plusieurs fois dans les tombeaux de Sakkarah : ⬛ *Ra-n-usur men-asu;* ce que l'on peut interpréter « stable de demeure. » La place de *Ra-n-usur* est fixée définitivement par la table de Séti Ier, et son règne nous a laissé des monuments de la plus grande importance.

Nous dirons d'abord un mot d'un tombeau déjà publié [3], celui de ▮▮▮ *Ptah-biu-nefer*, parce qu'il continue la généalogie d'une famille qui éclaire et confirme toute notre série.

---

[1]. *Usur en-ra = An* ne peut en aucune façon être considéré comme le véritable père d'*Usurtasen I*[er], que plusieurs documents positifs nous montrent comme le fils d'*Amenemha I*[er].

[2] On peut comparer très-exactement cette double légende à celles du roi *Rameri = Papi.* (Voy. *Denkmäler,* II, 116.)

[3] *Denkmäler,* II, 55. Il a fourni de très-beaux dessins à la mission prussienne.

historique. L'aïeul, *Ases-kaf-anχ*, était probablement né du temps d'*Ases-kaf;* ses sacerdoces s'exercent sous les rois suivants. *Ai-meri*, son fils, a vécu jusque sous *Nefer-ar-ka-ra;* enfin, *Ptah-biu-nefer*, fils de ce dernier, devient prêtre de *Ra-n-usur.* Il est à remarquer que son fils aîné, ▉𝄞𝄞𝄞 *Ptah-nefer-sem*, porte encore le titre de *suten-reχ*, que nous voyons ainsi renouvelé par la faveur royale pendant quatre générations, sans que nous puissions, dans cette famille, l'expliquer par le rang des épouses. Il faut donc se garder d'interpréter toujours historiquement *suten-reχ* comme *petit-fils royal;* il y avait des exceptions.

Un odiste de cette époque nous a laissé la mention de ses talents[1] :

Mar   hus t   seχeχsm   het en   neb-f   sm   hus-t   nefer-t

sm   χenna[2]   per-aa;

Le chef des chants, celui qui réjouit le cœur de son seigneur par des chants gracieux dans l'intérieur du palais.

Il se nommait ▐◄▌ *Ata* et possédait les titres de prophète des rois *Nefer-ar-ka-ra, Sahu-ra* et *Ra-n-usur.*

Les fouilles dirigées par M. Mariette, à Sakkarah, nous ont

---

[1] Voy. *Denkmäler*, II, 58. Gizeh. — [2] On trouve très-rarement le bélier entier, employé ainsi à la place de 🐕.

fait connaître quelques autres personnages également importants pour l'histoire de ce règne; voici les noms de ceux qui
ont attiré particulièrement notre attention :

1° ⟦hieroglyphs⟧ *Kam-retu*, qui était l'un des *semer, her
seśeta*, ou secrétaire royal et prophète de la pyramide *Men-asu*
de *Ra-n-usur;*

2° ⟦hieroglyphs⟧ *Anχ-maka*[1], également titulaire du même sacerdoce et de celui de *Sahura*, était, de plus, ⟦hieroglyphs⟧ *mur per-ti*,
« commandant de la demeure double, » ce qui désigne sans
doute le palais, car une variante nous donne ⟦hieroglyphs⟧ *ha uer*,
« la grande demeure. » Au milieu d'autres dignités mal défi-
nies pour nous, je remarque encore celle de ⟦hieroglyphs⟧ *saten
ape heb*[2], « premier *heb* (horoscope?) du roi. » Il était aussi
prêtre du soleil à l'obélisque *Ra-sep*[3]. Son fils, ⟦hieroglyphs⟧ *Ankaf*,
était ⟦hieroglyphs⟧ « chef de la demeure du combat, de la
« flèche et de l'arc. »

3° ⟦hieroglyphs⟧ *Kamnefer-t* était prêtre de *Xufu* et de *Safra;*
il avait aussi la charge de la pyramide *Men-asu* de *Ra-n-usur*. Il
portait encore les titres de prophète de la déesse *Ma*, du soleil

---

[1] Variante ⟦hieroglyphs⟧. Les signes ⟦sign⟧
et ⟦sign⟧ s'échangent perpétuellement dans
les plus anciennes inscriptions.

[2] La valeur *ape* pour la tête ⟦sign⟧ repose
sur la connaissance du complément ⟦sign⟧ *p*,
et sur le copte Δ.ΠE. tête; on peut donc,
à la rigueur, dire que l'*a* initial n'est pas
prouvé. M. Brugsch a trouvé une variante
tep, prouvée également par la transcription
démotique; mais elle m'engagerait seulement à croire à la polyphonie du signe:

l'indication donnée par le copte est bien
précise pour y renoncer légèrement. Le
papyrus Rhind, expliqué par M. Brugsch,
semble même apporter une preuve de la
valeur *ape*, car on y remarque (planche V,
ligne 6), pour le mot « tête, » l'orthographe
⟦hieroglyphs⟧ *aap*, sur laquelle néanmoins la
mauvaise écriture hiératique du manuscrit
peut laisser quelque doute.

[3] Voyez plus haut, page 79, nos re-
marques sur ce monument consacré à *Ra.*

à *Ra-sep* et à *Ra-šepa-ket*[1], et le titre sacerdotal *An-k-ma-t*[2] ou *An-mat-k*. Je pense que c'est le même prêtre qu'on trouve plus tard sous la forme *An-mat-f*, et dont le costume a pour pièce principale la peau de panthère. Je remarquerai, parmi les charges civiles de *Kumnefer-t*, celles de *mar seša mer-t*; ce qui me paraît désigner le commandement ou l'inspection des familles agricoles attachées aux domaines royaux; *χerp seša er spera*, « chef des écritures des plaintes ou requêtes[3]; » et enfin, *χerp useχ-t*, « commandant de la grande salle. » Cette grande salle, dans la scène du jugement des âmes, est le nom du tribunal où siégeaient les quarante-deux juges; c'est donc ici une fonction judiciaire d'ordre supérieur.

4° Le tombeau de *Ptah-ša-biu* est probablement aussi du même règne; il était prophète des rois *Saku-ra*, *Nefer-ar-ka-ra* et *Ran-u-sur*. Après le titre très-général de secrétaire : *her seševa en nuter-f*, « chef du secret de « son dieu[4], » viennent d'autres fonctions que je ne comprends pas encore, et celle de « chef des travaux. »

5° Le plus beau monument de cette époque, et celui qu'on peut actuellement nommer à juste titre la merveille de Sak-

---

[1] Voyez plus haut, page 72.
[2] Les variantes suppriment la peau ; elle est donc idéographique dans ce titre et ne doit pas figurer dans la transcription. Elle doit y rappeler le costume; mais on peut aussi soupçonner ici un de ces jeux de mots recherchés de tout temps par les

hiérogrammates, parce que le nom de la peau de panthère était *Anem*, ce qui se rapproche singulièrement de *An-mat-k* et *An-mat-f*.
[3] Voyez plus haut, page 86, note 2.
[4] On reconnaît fort souvent que c'est le roi qui est ainsi désigné.

karah, c'est le tombeau de ⟦▦⟧ *Ti* [1]. Il a fourni au musée du Caire d'admirables statues, où le portrait est rendu évident par la forte empreinte d'individualité qu'on remarque dans la figure. Ces monuments trouveront leur place dans l'étude que nous consacrerons aux arts des premières dynasties; chérchons seulement à définir le rang éminent qu'occupa ce personnage vers le milieu de la ve dynastie. Ses titres sont extrêmement nombreux, et je serai loin de les expliquer tous; nous pouvons cependant en saisir assez pour nous faire une juste idée de la position qu'il occupa dans l'État, tandis que les scènes qui décorent son tombeau nous renseignent sur ses richesses. Sur le piédestal d'une de ses statues, il est désigné brièvement comme ⟦▦⟧ *samer ua en mer-tu*, « l'un « des familiers de l'amitié (du roi); » ⟦▦⟧ *χerp sebeχ-tu*, « chef « des portes du palais; » ⟦▦⟧ *pere-aa χerp ari šennu*, « chef « des actes de.....* [2] du pharaon; » et ⟦▦⟧ *heb*, que je compare provisoirement à l'horoscope, parce que cette fonction semble se rattacher à la science religieuse. On retrouve ces qualifications si souvent, que, sauf le titre *heb*, je les considère comme des sortes de grades honorifiques; il en est de même des suivants :

⟦▦⟧ *semer ua er nefer ha-t*, « l'un des *semer*, à la « face gracieuse (du roi); » ⟦▦⟧ *as-t het neb-f*, « résidant dans

---

[1] *Ti* ou *Tuia*. Le vague des voyelles ne permet pas de mieux déterminer la prononciation de ce nom.

[2] Titre assez fréquent, dont je n'ai pas pu saisir le sens. La variante se lit ⟦▦⟧ *mur šen neb*. *Šen* doit peut-être s'entendre ici des plaintes ou requêtes, mais les cheveux se prêtent aussi à d'autres sens.

« le cœur de son seigneur; » ▮▮▮▮ *her seśeta meri neb-f*, « chef du secret aimant son seigneur. » Mais voici qui devient un peu plus précis : ▮▮▮▮ *her seśeta en suten em as-tu-f neb*, « secrétaire de son seigneur « dans toutes ses résidences; » ▮▮▮▮ *mur kata neb nte suten*, « chef de tous les travaux du roi; » ▮▮▮▮ *mar suten seśa(ta)*[1], « chef des écritures royales (du livre?), » qui se relie au suivant : ▮▮▮▮ *her seśeta en utu utu en suten*, « secrétaire pour énoncer les décrets du roi. »

Les mentions suivantes me paraissent encore se rapporter au commandement civil de diverses places et non à des fonctions religieuses :

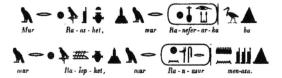

Mur   Ra-as-het,   mar   Ra-nefer-ar-ka   ba

mar   Ra-śep-het,   mar   Ra-n-asur   men-asu.

Ces légendes nous apprennent que *Ti* était *mur*, gouverneur des localités qui nous ont déjà occupé plusieurs fois. Il semble que *Ra-śep-het* soit mis en rapport avec la pyramide *Men-asu*, et *Ra-as-het* avec le tombeau de *Nefer-ar-ka-ra*.

Voici deux nouveaux commandements tout semblables :

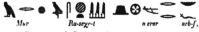

Mur   Ra-seχr-t   n erer   neb-f,

Gouverneur de *Ra-seχet*, aimant son seigneur.

---

[1] Voyez plus haut, page 87, pour l'explication de ces mots.

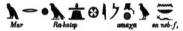

Mar Ra-hotep amaχu en neb-f,

Gouverneur de *Ra-hotep*, dévoué à son seigneur.

Ces deux villes, inconnues de nous, sont déterminées par des pyramides tronquées, ce qui donne à penser qu'elles possédaient des monuments de cette espèce [1].

Ti était encore ⟶ *mur pere seše*, commandement que je ne saurais définir avec certitude, pas plus que celui de *her hur em ha an*χ; peut-être s'agit-il encore de deux noms de localités. Je conjecture néanmoins que la première charge peut se rapporter aux chasses des oiseaux d'eau, et la seconde à un domaine rural.

Les dignités sacerdotales de *Ti* étaient importantes, car il possédait le titre de *mur nuter hon*, « commandant « des prophètes, » fort rare à ces premières époques. Il semblerait même que ce titre indiquât ici un chef du sacerdoce entier, car il n'est modifié par l'addition d'aucun nom divin particulier. *heb*, et *her seseta en nuter t'ut*, « chef du secret des paroles divines, » sont des qualifications assez fréquentes, ainsi que celle de *her seseta en pere tuau-t*, « chef des secrets de la « maison d'adoration. » *sub her*, ou *sub* en chef, est aussi très-habituellement joint à la qualification de *heb*; mais rien n'a, jusqu'ici, éclairci le sens de cette fonction. Les suivantes

---

[1] Leurs noms signifient : « le champ du « soleil, » *seχe-t*, copte ⲥⲱⲱϫⲉ *ager*, et le « repos ou le domaine du soleil, » car *hotep* se prête à ces deux sens, suivant qu'il est employé comme verbe ou comme substantif. Je préfère traduire ici « domaine. »

sont beaucoup plus rares : ⟨hiero⟩ *mur χer-t*, « chef
« des sacrifices [1], » et ⟨hiero⟩ *mur ab neb*, qui est joint
à la précédente et qui peut s'interpréter : « chef de toutes les
« purifications [2]. » Quant aux sacerdoces plus spéciaux, on ne
cite dans la tombe de *Ti* que les titres de prophète de *Ra* dans
Ra-as-het [3], et d'un Horus local de ⟨hiero⟩ *pere šes-tu* (?),
qui rappellent sans doute les débuts de *Ti* dans la carrière des
honneurs.

Revêtu de tant de dignités diverses, *Ti* était-il un parvenu ?
On serait bien tenté de le croire, en ne retrouvant nulle part
dans son tombeau ni le nom de son père, ni rien qui indique
une parenté illustre. Il n'a malheureusement consacré aucune
inscription à rappeler les services particuliers qu'il put rendre
à l'État. Sa femme était une princesse, mais nous ne pouvons
pas décider si cette alliance fut la cause de sa faveur ou la
récompense de son mérite. Cette dame, nommée ⟨hiero⟩ *Nefer-
hotep-s*, se qualifie :

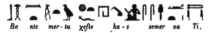

Ba   nte   mer - tu   χefte   ha - s   semer   ua   Ti,

Palme ou délices d'amour pour son mari le *semer* Ti.

Outre son titre de ⟨hiero⟩ *suten-reχ-t*, elle avait encore la
dignité de ⟨hiero⟩ *suten* (*ta*?), que nous avons déjà signalée, et qui

---

[1] La victime ⟨hiero⟩, souvent figurée les pieds liés, servant de déterminatif au mot *χer*, « immoler. »

[2] ⟨hiero⟩ étant pris ici pour l'abrégé de ⟨hiero⟩

ab, « purification. » J'avertis cependant qu'il y a des cas où la corne, à elle seule, peut indiquer des bœufs.

[3] Voyez plus haut, page 72.

paraît plus élevée que le titre précédent, puisque nous la trouvons donnée à des filles royales et même à des reines [1]. Nous verrons, en effet, que cette dame transmit à ses enfants la qualité de *suten-reχ*, que *Ti* ne possédait pas lui-même. Comme toutes les princesses, *Nefer-hotep-s* était prêtresse, elle avait les titres de prophétesse d'Hathor *neb neha-t* [2] et de Neith ⌐ 𝍢 *mehit sebti*, « du rempart du Nord. » De ses deux fils qui eurent l'un et l'autre le rang de 🔲 ↓ ⊜ *suten-reχ* du pharaon, l'aîné se nommait également *Ti*, et le second 🐦 𝍢 *Temet'* [3].

On trouve dans le tombeau de *Ti* le cartouche de (⎍ ⎍ ⏐) *Kaka*, plusieurs fois mentionné. Il est écrit à la sanguine et avec la disposition suivante des trois caractères qui le composent, sur des blocs qui devaient originairement être cachés par le revêtement. C'était sans doute une marque d'architecte, analogue à celles des pyramides; ainsi tout donne à penser que *Ti* a vécu sous ce pharaon, et qu'il a commencé de son temps les travaux de son tombeau. Cette belle construction funéraire fut achevée sous *Nefer-ar-ka-ra* et *Ra-n-usur*.

---

[1] Il y en avait plusieurs à la fois, car elle est appelée ⌐▮⊙⌐ *suten* (*ta?*) *ua-t* « uue royale.... »

[2] Pour ce titre, voir page 297, note 1. Celui de Neith rappelle le titre de *Ptah* du rempart du midi, à Memphis.

[3] *Temet'* est la prononciation du signe 𝍢, le sceau avec ses ligatures, qui est le signe de *la somme*, dans l'addition; c'est le copte ⲧⲱⲧⲥ, *conjungere, claudere*. On trouve toute sorte de variantes consistant dans la disposition des lettres autour du signe 𝍢 et dans leur écriture ou dans leur omission. Plus tard, le ⌐ de ce mot se change en ▬. Sous les Ptolémées on trouve fréquemment le signe ✕, remplaçant dans le même sens le signe antique 𝍢. Il a la même valeur phonétique, *temet*. Dans le second empire, on trouve fréquemment les variantes 𝍢 et 𝍢. Les deux cornes ✕ se présentent aussi sous des aspects assez variés.

Ce dernier pharaon occupait une place assez importante dans la tradition; nous voyons, en effet, qu'il figure dans la grande table de Karnak, où Toutmès III n'avait représenté toute la série des cinq premières dynasties que par cinq ou six noms principaux; le cartouche *An,* que nous avons reconnu comme le nom propre de *Ra-n-usur,* s'y trouve entre ceux de *Sahura* et d'*Assa,* c'est-à-dire dans son ordre historique. Le grand nombre des tombeaux de ses serviteurs engage aussi à lui attribuer un règne assez long. En le plaçant, conformément aux indications monumentales, immédiatement avant *Menkau-hor,* le chiffre que lui attribuera le fragment n° 34 du papyrus de Turin [1] répondra à ces exigences, car il doit probablement être lu « 25 ans. » Le Rathourès de Manéthon peut être considéré comme une légère altération de *Ra-n-usur* [2].

Les trois derniers noms de la dynastie sont bien conservés dans le papyrus, ainsi que leur nombre d'années. Les listes, le papyrus et toutes les tables sont ici dans un parfait accord [3], ce qui nous permettra de constater une faute dans la table de Sakkarah et de la corriger sans hésitation, à propos du roi *Tat-ka-ra=Assa.*

Quant à *Menkau-hor* (Menchérès), son nom se trouve partout correctement écrit et sous la même forme. Son cartouche

---

[1] Voir la planche III, l 9 du n° 34. Le premier chiffre peut être 10, 20 ou 30, plus probablement 20; il ne subsiste plus du second qu'une trace oblique, que j'interprète comme 5.

[2] C'est ce qui m'engage à ne pas transcrire ce nom par inversion : *Usur-en-ra.*

[3] Voir le tableau, page 292. Je ne conserve aucun doute sur la nécessité de corriger ici le signe *ma* en *tat.*

[hieroglyphs] nous était déjà connu par une stèle d'Ouadi-
Magarah, sur laquelle est aussi reproduite sa devise d'étendard : [hieroglyphs] *Hor men šau*. Mais le nom de sa pyramide,
[hieroglyphs] [1] *Nuter asu*, est nouveau; il nous a été révélé
par le tombeau de *Ptah-hotep*, sorti des fouilles de Sakkarah.
Ptah-hotep se qualifie « prêtre de la pyramide *Men-asu* de *Ra-n-
« usur*, et de la pyramide *Nuter-asu* de *Menkau-hor*. » C'est encore
aux investigations de M. Mariette que nous devons le beau
bas-relief du musée du Louvre, où le roi *Menkau-hor* est figuré
en personne. Il paraît jeune et son profil est très-fin[2]. Ce
bloc, trouvé à Sakkarah dans une muraille du Serapeum, où il
avait anciennement servi de pierre à bâtir, provient très-probablement de la chapelle construite devant la pyramide *Nuter-
asu*, que ce renseignement doit faire placer à Sakkarah. Le
nom de *Menkau-hor*, assez rare jusqu'ici, se retrouve quelquefois dans les tombeaux décorés sous ses successeurs. Le papyrus lui assigne un règne de huit ans.

Nos renseignements sur [hieroglyphs] *Tat-ka-ra* sont beaucoup plus nombreux; nous savons, en effet, par le papyrus
de Turin, qu'il régna vingt-huit ans. Les stèles d'Ouadi-Magarah attestent diverses inspections des mines de cuivre opé-
rées par ses ordres; elles ont fait connaître sa devise : [hieroglyphs]
Tat-šau, « celui dont le diadème est stable. » Il y a longtemps
que l'identification de *Tat-ka-ra* avec le pharaon dont le nom

---

[1] « La divine demeure. »

[2] Voyez la planche ci-jointe, qui reproduit très fidèlement le style du monument :
l'usure de la pierre prouve qu'elle avait

été, pendant un long espace de temps,
exposée à l'action atmosphérique avant
d'être ensevelie dans une muraille de la
tombe d'Apis.

propre fut *Assa* ⬭ a été reconnue. Outre les monuments qui portent ces deux noms réunis [1], on doit remarquer
que la même pyramide est attribuée à ce roi sous ses deux
noms différents.

Ra tat ka   *nefer*   *m - χet*   *nuter hon,*
Prophète attaché à la pyramide *Nefer* de Tat-ka-ra.

Assa   *nefer*   *m-χet*   *nuter hon,*
Prophète attaché à la pyramide *Nefer* d'Assa.

Telle est la variante du titre sacerdotal au tombeau de *Ma-
nefer*[2]. Elle établit parfaitement l'identité des deux personnages royaux. La tombe de *Snefra-nefer*, à Sakkarah, mentionne également le sacerdoce de la pyramide *Nefer* avec les
deux cartouches *Tat-ka-ra* et *Assa*; je ne puis donc conserver
aucun doute sur ce point[3]. Le bas-relief d'Ouadi-Magarab ne
contient que le cartouche *Tat-ka-ra*, mais on y voit apparaître
le titre de fils du soleil ⬭, encore bien rare à cette époque.

---

[1] Nestor L'Hôte a rencontré la légende
complète :

[2] Voyez *Denkmäler*, II, 65; Conf. Lepsius, *Königsbuch*, au cartouche d'*Assa*. Le
nom de la pyramide est ⬭ *Nefer;* il ne
faut pas y joindre ⬭ qui suit la figure
de la pyramide, tandis que le nom la pré-

cède toujours, et qui n'est que la particule *m-χet*, « attaché à, » construite ici
après son régime, par inversion, comme
elle l'est d'ordinaire dans ces sortes de
titres.

[3] M. Brugsch ne s'y est pas trompé,
mais il indique un second *Assa* différent
de celui-ci, je ne sais pas sur quel fonde-
ment.

Une des nouvelles tombes de Sakkarah appartient certainement à un fils de ce roi, nommé ⬚ ☥ *Assa-anχ.* Outre
sa dignité de ⬚ *suten sa,* il était revêtu de diverses
charges militaires et sacerdotales.

On connaissait déjà plusieurs tombeaux importants de l'é-
poque de *Tat-ka-ra=Assa;* outre celui de *Ma-nefer,* à Gizeh [1],
que nous avons cité plus haut, et qui était prophète de *Ptah,* je
signalerai encore à Gizeh celui de *Hotep-en-Ptah* qui était ⬚
⬚ « chef du combat, de l'arc, de la flèche et de la
« hache, » désignation ordinaire de certains généraux. Son
épouse était la *suten reχ-t* ⬚ (*neb šau?) mercr* [2].

La tombe de ⬚ *Snefru-nefer,* découverte à
Sakkarah par M. Mariette, a fourni au musée du Caire une
belle table à libations en albâtre. Ce personnage réunissait le
sacerdoce des deux pyramides de *Menkau-hor* et *Tat-ka-ra.* On
trouve encore à Sakkarah les tombeaux de *Ra-en-kau,* « chef des
« travaux; » de ⬚ *Ra-ka-pa,* « prophète de la pyra-
« mide *Nefer d'Assa,* » et de ⬚ *Xut-hotep.* Ce dernier était
prophète des pyramides de *Ra-n-usur,* de *Menkau-hor* et de *Tat-
ka-ra;* il avait, en outre, les titres civils et religieux importants
de ⬚ *suten ape heb,* « heb royal supérieur; » ⬚
⬚ « chef du double (trésor?) » ⬚ *mur šenti-u,*
« commandant des magasins; » ⬚ *χerp seša neb,* « chef de
« toutes les écritures. » Il était encore ⬚ « gouver-

---

[1] Voy. Lepsius, *Denkmäler,* II, 65.
[2] Dans les variantes de ce nom et de
plusieurs analogues, l'élément ⬛ est
supprimé à volonté; ce qui m'engagerait
à transcrire le titre royal ⬚ , dans
cette occasion, par *neb šau.*

« neur de la ville de la pyramide. » Il est possible qu'il s'agisse
de Memphis, dont le nom populaire *Men-nefer* n'apparaît pas,
dans ces textes antiques, sous la forme que nous lui connaissons plus tard.

Le souvenir du règne d'*Assa* nous est aussi conservé dans un
document d'un prix inestimable ; je veux parler du second fragment du papyrus Prisse, qui contient les préceptes de *Ptah-
hotep* ; nous reviendrons sur ce vénérable débris de la littérature primitive des Égyptiens. Ce *Ptah-hotep* était fils de roi,
mais sans doute d'un des prédécesseurs d'*Assa*, car il se dépeint
lui-même comme accablé de vieillesse, au moment où il entre-
prend de rédiger ses préceptes avec l'aide de son dieu.

Le cartouche du roi *Assa* se lit dans la première ligne de la
table de Karnak, et, comme il y suit le roi *An*, je ne doute pas
qu'il ne s'agisse du même personnage, malgré une légère différence d'orthographe.

 La dynastie se termine par le roi *Unas*, d'après l'accord de tous les documents[1]. Le tombeau de
Snot'em-het, à Gizeh[2], établit la transition entre
les deux derniers souverains ; ce fonctionnaire se qualifie : « le dévoué à *Unas*, exécutant les volontés d'*Assa* chaque
« jour ; » et plus loin : « le dévoué à *Assa*, recevant les ordres
« du roi *Unas*... [3] » On voit que ces deux pharaons se suivent
immédiatement ; on pourrait même soupçonner qu'ils furent

---

[1] Voy. le tableau, p. 292.

[2] Lepsius, *Denkmäler*, II, 75.

[3] La phrase se termine par ces mots :
har s, « en outre, » ou « après cela, »
dont je ne vois pas clairement l'objet ; peut-
être indiquent-ils l'ordre des deux règnes.
Mais je n'ai pas trouvé d'autre exemple
des mots *har-s*, dans cette acception.

associés dans l'exercice du pouvoir pendant un certain temps.
Dans tous les cas, il y a là une preuve évidente pour l'identification d'*Assa* avec le *Tat-ka-ra* des listes et du papyrus de
Turin. Ce document donne au règne d'*Unas* une durée de
trente ans, et ce pharaon nous a laissé un certain nombre
de monuments; on possède même des vases d'albâtre ornés de
sa légende. M. Lepsius a publié sa devise d'étendard :
uaʿ-to-ti, qu'on peut traduire par : « bienfaiteur des deux
« mondes. »

Le nom de sa pyramide n'était pas connu; nous l'avons rencontré à Sakkarah dans les tombes de *Sabu* et de *Ptah-asès*
dont nous parlerons un peu plus loin; elle se nommait
Nefer asu, « l'excellente demeure. » C'est encore à M. Mariette qu'on doit la découverte du cartouche d'*Unas* sur certaines
pierres de la pyramide tronquée connue sous le nom de *Mastabat-el-Faraoun*, qui n'est autre chose que la pyramide *Nefer-
asu*, et qui peut-être ne fut jamais achevée [1].

Snoʿem-het ran-f nefer Meha.
« *Snoʿem-het*, surnommé *Meha*, » avait fait décorer un des plus
remarquables tombeaux de Gizeh, et nous avons dit tout à
l'heure qu'il avait vécu jusqu'au temps d'*Unas*. Il épousa une
fille de roi nommée *Xent-ka-u-s* [2]. On peut conjecturer qu'il dut ses dignités à cette alliance, car il n'était pas

---

[1] Si le *Mastabat-el-Faraoun* avait dû
avoir primitivement la forme de pyramide
tronquée, on ne voit pas pourquoi cette
forme n'apparaîtrait pas comme déterminatif de la pyramide *Nefer-asu*. Nous avons
en effet déjà signalé la pyramide tronquée dans d'autres groupes hiéroglyphiques de la même époque. (Voy. ci-dessus,
p. 310.)

[2] Voy. Lepsius, *Denkmäler*, II, 74

suten-reχ par lui-même. Ses fils n'ont pas non plus ce titre; ils n'étaient probablement pas fils de la princesse. Je regarde *Snot'em-het* comme un des personnages les plus importants de la fin de la v⁰ dynastie. Comme prêtre, il était *heb royal* en chef, et 🐾 *mur uab-ti,* « chef de la double maison « sainte, » probablement le grand temple. Au palais, il occupait la position de chef des portes, il était aussi chef des écritures royales, chef de tous les travaux du roi, gouverneur de la maison de l'or ▢ et des magasins de l'État 🐾 *mur šenti.* Il possédait encore la fonction militaire appelée 🐾 *mur pere-ti χerau,* « chef de la double « maison de la guerre. » Les noms de ses domaines indiquent qu'il les tenait de la générosité des rois précédents.

Un personnage du même nom, qui ne me paraît pas diffé-rent de son fils[2], épousa une *suten-reχ-t* nommée ▢ *tefa,* mais il n'eut pas des dignités aussi importantes que celles de son père.

Les petits objets et les scarabées portant le nom d'*Unas* se rencontrent quelquefois dans les musées, et M. Brugsch pense qu'il avait donné son nom à la ville d'*Unas,* dans l'Égypte moyenne[3]. Nous devons, avant de le quitter, mentionner aussi le tombeau de ▢ *Ap-em-anχ* trouvé à Sakkarah par M. Ma-riette. Son sacerdoce nous apprend qu'*Unas* avait consacré un temple à la déesse Hathor; c'est ce qui résulte de la légende suivante :

[1] Voyez Lepsius, *Denkmäler,* II, 74.   [3] Voyez Brugsch, *Géographie,* I, 229.
[2] *Id. ibid.* II, 76 seq.   Le nom de la ville se lit *Unus.*

Hathor   Unas   meri-t   pere   s-hat' nater hon,

Prêtre glorificateur de la demeure d'Hathor, aimant le roi *Unas* [1].

C'est après le règne d'*Unas* que nous lisons, dans le papyrus de Turin, la première mention authentique d'une division
historique bien tranchée. Il y avait là un résumé dont nous
distinguons encore les mots suivants [2] : (restituez : « le nombre)
« des rois depuis *Mena*, jusqu'à. . . . . » Malheureusement la
déchirure ne permet pas de savoir l'opinion réelle des Égyptiens sur ce nombre, ni sur les années écoulées. La division
marquée avant le roi *Sar*, mais par une rubrique seulement,
était moins importante à leurs yeux. Le premier résumé chronologique de ce papyrus, pour les temps historiques, était
celui qui suivait le cartouche d'*Unas*. J'en ai la conviction,
malgré le défaut d'une preuve directe qui résulte de l'état du
papyrus, car il me paraît certain que, si un pareil résumé eût
existé déjà, nous l'aurions trouvé avant le cartouche de *Sar*.
Quoi qu'il en soit, si l'on a suivi avec attention cette série non
interrompue de monuments, tous memphites et rattachant
étroitement la famille d'*User-ka-f* à celle de *Sar* et de *Xufu*, il
sera impossible de ne pas penser que la désignation de *dynastie
d'Éléphantine* a été mise hors de sa place dans les listes de
Manéthon. M. Lepsius a déjà fait la même remarque; il croit

---

[1] Si ce temple était dans la ville qui
conserva le nom d'*Unas*, il pourrait servir à expliquer le nom grec Aphrodito-
polis. (Conf. Brugsch, *Géographie*, I, 230.)

[2] Voir la planche III, à la dernière ligne
du fragment n° 34.

qu'il faut restituer ce titre à la vi° dynastie; je serais bien tenté,
quant à moi, de le rejeter jusqu'à l'une des vii°, viii°, ix° ou
x° dynasties, qui furent très-probablement composées de souverains partiels.

Il nous reste une étude essentielle à faire avant de quitter
cette époque; il faut tâcher de nous rendre compte de l'ordre
des cartouches dans la table de Sakkarah. Nous y avons reconnu [1], après la lacune de la rangée inférieure, les trois noms
d'*User-ka(f)*, *Sahu-(ra)* et *Nefer-ar-ka-ra*. Nous lisons ensuite

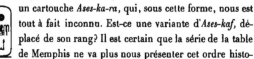 un cartouche *Ases-ka-ra*, qui, sous cette forme, nous est
tout à fait inconnu. Est-ce une variante d'*Ases-kaf*, dé-
placé de son rang? Il est certain que la série de la table
de Memphis ne va plus nous présenter cet ordre historique dont nous avons pu constamment vérifier l'exactitude;
cependant, comme, jusqu'à cet endroit, l'ordre y a été fidèlement respecté, nous devons enregistrer provisoirement ce roi
nouveau vers le milieu de la v° dynastie.

Le cartouche qui suit, et qui termine le premier rang, nous
est bien connu : (● ▬ ᵻ) *Ra-ša-nefer;* c'est le prénom royal
de *Sebek-hotep III*, de la xiii° dynastie [2]. Je n'oserais décider
si nous avons encore ici un roi inconnu de la v° dynastie,
ou si le dédicateur du monument n'a pas plutôt voulu rappeler la mémoire de *Sebek-hotep III;* il pouvait avoir, pour le

---

[1] Voyez le tableau, page 292, et la planche II.

[2] M. Mariette regarde ces deux rois comme des pharaons de la v° dynastie, inconnus jusqu'ici. L'absence de leurs noms dans la série si complète des monuments que nous avons rencontrés me laisse des doutes sérieux sur la réalité de cette opinion, surtout en ce qui concerne *Ra-ša-nefer*.

mettre ainsi en évidence, quelque motif généalogique qui nous échapperait aujourd'hui. Il y a, dans cette disposition, quelque chose de tout à fait analogue à la place que *Tutmes III* avait donnée à *Usurtasen I*, dans la table des rois de Karnak.

Au commencement de la rangée supérieure, nous retrouvons *Men-ka-hor* et *Unas*, et entre eux un cartouche inconnu à cette époque, s'il était exactement tracé, ⬯ *Ra-ma-ka*, à l'endroit où nous devrions, historiquement, trouver *Tat-ka-ra*. La première idée qui se présente est celle d'une inexactitude du graveur égyptien, qui aurait mis ⎮ à la place de ⏐. M. Mariette a fait observer très-judicieusement qu'il a déjà fait une faute évidente dans le cartouche de *Xufu* qu'il écrit : ⬯ *Xufu-f*. Je crois que c'est la véritable explication de cette anomalie. La table de Sakkarah se continue d'ailleurs très-régulièrement, après *Unas*, par les quatre rois bien connus qui commencent la vıᵉ dynastie et dans un accord parfait avec tous les monuments.

Malgré cet accord, qui ne laisse prise à aucun doute, nous verrons qu'il est assez difficile de concilier cette partie de l'histoire monumentale avec Manéthon, et qu'il est certain que les listes grecques suivent un ordre assez différent de celui du papyrus de Turin, entre la vᵉ et la xııᵉ dynastie.

§ IV.

MONUMENTS DE LA VIe DYNASTIE DE MANÉTHON.

Tableau comparatif des diverses listes.

MANÉTHON.	FRAGMENTS DU PAPYRUS DE TURIN.	TABLE DE SÉTI Ier.	TABLE DE SAKKARAH.	MONUMENTS DIVERS.
VIe DYNASTIE. Ans.				
1. Othoès...... 3o	//	Teta.	Teta.	Teta.
// //	//	Userkara.	//	(Ati ?)
2. Phios....... 53	...(?ans) 6 m. 21 j.	Merira.	Pepi.	Merira=Pepi.
//	....	Merenra.	Merenra.	Merenra.
//	.... 3o ans.	Neferkara.	Neferkara.	Neferkara.
		Merenra=		
3. Métésouphis.. 7	.... 14? ans.	=Tefansaf.	//	//
4. Phiops...... 100	.... 90....ans.	Nuterkara.	//	//
5. Mentésouphis. 1	.... 1 an 1 m.	Menkara.	//	//
6. Nitocris. 12	Net-aker-ti........	//	//	//
VIIe DYNASTIE.				
(Sans noms.)	Neferka.........	Neferkara.	//	//
	Nefrus...........	//	//	Nefrus.
	Ab.............	//	//	//

Nous avons dit que la liste de Sakkarah se continue après
le nom d'*Unas* par les quatre cartouches de *Teta*, *Pepi*, *Meri-*
en-ra et *Nefer-ka-ra*. Les monuments vont nous prouver que
cette série est excellente et sans lacune sérieuse. Nous sommes
cependant obligé d'admettre ici, entre *Teta* et *Pepi*, le cartouche ⬭ *User-ka-ra*, que la table de Séti Ier place
au trente-cinquième rang. On a également proposé d'insérer,
entre *Unas* et *Teta*, le nom royal *Ati* ⬭ qui paraît
du même temps, et sur lequel nous dirons plus loin quelques
mots. Quoi qu'il en soit, ce règne ou ces deux règnes eurent

peu d'importance, ainsi que la suite des monuments va nous le démontrer.

Un certain *Ptah-ases*, enseveli à Sakkarah, et fils ou petit-fils de celui dont nous avons précédemment étudié le tombeau, établit par ses légendes le passage du règne d'*Unas* à celui de *Teta*. Le sacerdoce des pyramides de ces deux rois est relaté par la formule suivante :

Prophète attaché aux offrandes de la pyramide *Tat-asu* du roi *Teta*, le dévoué à la divinité [1] de son seigneur, chaque jour.

Prophète de la pyramide *Nefer-asu d'Unas*, prêtre de Ptah, résidant dans le cœur de son seigneur.

Ce personnage était aussi prêtre de *Ptah-sakru* et revêtu de quelques-unes des charges que possédait le premier *Ptah-ases*. Sa femme, nommée 🐟 𝄄𝄄 *Anta*, était *suten reχ-t* et prophétesse de Neith et d'Hathor. La légende que nous venons de traduire paraît bien indiquer que notre *Ptah-ases* a vécu sous les deux rois *Unas* et *Teta* ; mais il eut un fils nommé 𝄄𝄄𝄄

---

[1] Ou à la Majesté, car 🦆, dans l'ancien style, est quelquefois pris pour ⎮ *hon* et pour ⬭ *neb*, aussi bien que pour ⏋ *nuter*.

Sabu, dont le tombeau est tout voisin, et qui tranche plus nettement la question quant à la succession de ces deux règnes. En effet, s'il fut, comme nous allons le reconnaître, un des personnages les plus distingués du règne de *Teta*, il était déjà en faveur sous *Unas*.

Unas   en uer χerp   uba,   ases   χer   suten   er   bak   neb,

Grand chef de l'œuvre d'*Unas*, estimé du roi plus qu'aucun serviteur.

Cette légende, comme on voit, n'a pas le vague qui s'attache ordinairement à la simple mention des sacerdoces royaux; notre personnage a vécu sous *Unas*, qui l'estimait. Nous laisserons maintenant  *Saba ran-f nefer Abeba*, « *Saba* surnommé *Abeba*, » nous expliquer lui-même ses rapports avec le roi *Teta*.

La légende commence ainsi, sur le côté droit de la fausse porte qui décore son tombeau :

Ma   χer en   se ra Teta   anχ   teta   uer   χerp   uba.

Ce commencement de phrase est tout à fait inusité; je suppose qu'il y a une connexion entre cette partie du discours et celle qui se trouve de l'autre côté et qui contient la mention de la même charge de *uer χerp uba*, exercée sous *Unas;* en sorte que je traduis ici ⚱ d'après son sens habituel, *comme, de même*, « De même (il fut), du fils du soleil, *Teta*, vivant

« éternellement, grand chef de l'œuvre [1]. » Ce qui me confirme dans l'idée de lier ces deux parties de l'inscription, c'est que le discours se continue par la même formule que tout à l'heure :

Ates   χer   suten   er   bak   neb,

Plus estimé du roi qu'aucun serviteur.

Cette liaison, entre deux phrases pareilles, explique ce que le début par la particule ⟨ « de même » présente de singulier. Ce qui suit se rapporte au droit d'accompagner le roi dans ses voyages, et de paraître auprès de lui dans les fêtes. On trouve plusieurs variantes de ces idées :

Ha-f   er   ua   neb,   setep sa²,   ak-f   har   ua-tu nuter (sebeχ?) res em

hebiu   neb en   šua,   uer   χerp   uba   en ra   heb,   sabu;

Celui qui monte dans tous les navires (du roi), le choisi pour accompagner, qui entre dans tous les chemins, dans le portail divin du midi, dans les panégyries des diadèmes ³, le grand chef de l'œuvre de *Raheb*, *Saba*.

---

[1] J'ai expliqué plus haut que, d'après le témoignage formel de la liste d'Edfou, c'était un des titres sacerdotaux de Memphis. (Voy. page 289, note 1.)

² J'avais lu jusqu'ici le signe ▄▄▄, *besa;* M. Brugsch me semble avoir bien établi que *besa* est un mot composé, *ba-sa*. Il a, de plus, donné d'excellents exemples qui attribuent à notre signe la valeur *sa*. ▄▄▄ et sa variante ⟨ restent donc avec

la lecture *sa*, que leur avait assignée M. Birch, d'après une transcription grecque du manuscrit démotique du musée de Leyde. (Voyez Brugsch, *Zeitschrift*, janvier 1864.)

³ Ou des processions, car *šua* est un terme qu'on employait aussi pour la sortie solennelle des naos et des statues divines dans les panégyries. Il est même employé dans ce sens par l'inscription de Rosette.

Cette phrase, assez difficile à saisir au premier abord, se retrouve dans les légendes de son aïeul, *Ptah-ases*, que nous avons expliquées plus haut[1]. Le navire royal y était nommé *utes-nutera*, « celui qui porte les divinités. » L'édifice du midi[2] était peut-être une partie du temple réservée au monarque et à son escorte la plus intime dans les cérémonies de ce genre; cette particularité est très-rarement mentionnée; il serait possible également que ce fût le nom propre d'une localité, but des voyages ordinaires du roi. Nous avons déjà rencontré l'autre dignité, qui paraît se rapporter au culte de *Ra*, dans une ville qui nous est inconnue. Le commencement de la seconde ligne ne paraîtra pas moins curieux aux égyptologues :

Comblé de faveur[3] par Sa Majesté, Sa Majesté lui accorda d'entrer dans l'intérieur[4].

---

[1] Voyez page 284 et suiv.

[2] La variante au tombeau de *Ptah-ases* ⚲, assure le sens de « midi. »

[3] ⦿ *axer*. Cette locution est toujours suivie d'une expression qui indique le mérite et que l'addition d'*axer* semble porter à l'extrême. C'est ainsi que l'on trouve : *axer meh-het en hen-f*, « possé- « dant tout à fait (?) le cœur du roi, » *axer akar heri en hen-f*, « tout à fait (?) regardé

« comme un sage par le roi, etc. » Il sem- blerait que les Égyptiens rapportassent étymologiquement cette particule au verbe ⦿ *frapper, tuer*, peut-être par allu- sion à l'énergie décisive de l'action.

[4] 🐾. Le bras ⟶ n'est proba- blement pas phonétique dans cette locu- tion ; il y est souvent supprimé, il peut indiquer ici la direction. (Voyez, pour le *xennu*, la note de la page 326.)

Elle lui accorda des vivres dans tout lieu où il se trouverait en voyage. Jamais n'a été faite pareille chose à un serviteur tel que moi par aucun souverain [1].

La troisième ligne complète les idées et donne le motif de ces faveurs :

En   merer-a hen-f er   bak-f   neb,   en ar-t heses-t-f   ra neb,

en un   amaχu   em   het-f,   aker - ka   χer hen-f,   keme   ua-t

em   seseta   neb en   χennu,   ases   χer   hen-f;

Parce que [2] Sa Majesté m'aimait plus qu'aucun autre de ses serviteurs, parce que je faisais ce qui lui plaisait chaque jour, parce que j'étais attaché à son cœur. Je fus [3] sage aux yeux de Sa Majesté, trouvant la (bonne) voie [4] dans tous les secrets du χennu, (je fus) estimé de Sa Majesté.

Les charges de *Sabu-Abeba* sont à peu près pareilles à celles que nous avons étudiées plus haut à propos de *Ptah-ases*, que

---

[1] L'emploi fréquent de l'épervier, comme déterminatif de l'idée de *divin*, *suint*, à la place de 𓀭, est une particularité du style antique, qui se retrouve sous les Saïtes et les Ptolémées.

[2] La particule 𓈖, comme conjonction, répond à des nuances très-diverses ; on voit qu'ici elle implique la causalité ; le sentiment qui a influé sur les faveurs du roi est ainsi joint aux énonciations précédentes.

[3] Comme la seconde personne n'est pas admissible ici, je reconnais la première personne de la forme *ka*, qui est quelquefois indiquée par 𓂝 tout seul. La voyelle qui manque est a, marque de la première personne.

[4] Le *chemin*, la *voie*, se trouvent très-souvent dans diverses expressions métaphoriques ; comme verbe, *ua er* signifie : « tendre vers .... » au moral comme au physique.

je crois son père; il eut aussi le sacerdoce des pyramides
d'*Unas* et de *Teta*.

Avec *Teta* et la vi⁰ dynastie, les monuments se déplacent,
comme l'ont déjà remarqué tous les voyageurs archéologues.
Les champs funéraires de Gizeh et de Sakkarah semblent se
fermer, et celui d'Abydos commence à révéler ses richesses.
L'Égypte moyenne et la Thébaïde paraissent avoir participé
plus directement à la vie politique. Les inscriptions des carrières d'El-kab et d'Hammâmat montrent une grande activité
dans les travaux, et les souvenirs de *Pepi*, successeur de *Teta*,
s'étendent d'un bout à l'autre de l'Égypte. Une stèle, provenant d'Abydos et conservée au musée du Caire, nous montre
un prêtre de la pyramide ⦙⦙⦙ *Tat-asu*, du fils du soleil *Teta*
(⦿⦂⦙) (chez lequel on constate, plus souvent que pour
aucun autre roi, l'habitude de faire insérer le titre de ⦿
dans l'intérieur de son cartouche). Ce prêtre se nommait
⦙⦙ *Hapa*, fils de ⦙ *Šeta*, il porte le titre de « chargé des
« travaux du roi; » il nous introduit le premier dans les nouveaux trésors archéologiques d'Abydos.

C'est la même ville qui va nous fournir un des monuments
les plus importants de l'histoire égyptienne : je veux parler
de la grande inscription d'*Una*, trouvée par M. Mariette et
déposée par lui au musée du Caire. Elle assure l'ordre des
trois pharaons, et nous montre que *Meri-ra* = *Pepi* suivit
Teta, sans pouvoir en être séparé par un intervalle de quelque
importance. Le règne de *Pepi* marque une des grandes époques de la puissance égyptienne. Les preuves de son acti-

vité se lisent encore à Tanis et au Sinaï, et son autorité s'étendait au loin sur les régions du haut Nil. Un bas-relief d'Ouadi-Magarah atteste une inspection des mines opérée, la dix-huitième année de son règne[1], par un capitaine nommé ⊠ (*Abtu?*), fils de ⬭ ♀ *Ra-meri-anχ*. Cette curieuse scène, sculptée sur le rocher, réunit les deux noms du roi ⬭ *Ra-meri*[2] et ⬭ *Pepi*. Elle a conservé aussi sa devise d'enseigne *meri χa-t*, qui paraît signifier « celui qui aime sa race. » *Pepi* y est figuré en vainqueur et terrassant un ennemi. L'inscription nomme ses adversaires tous les *Mentu*, comme dans le bas-relief de Souphis.

La grande légende du même roi, sculptée sur un beau bloc de syénite, et trouvée d'abord à Tanis par Burton, mérite une étude approfondie. Ce bloc paraît avoir constitué primitivement le côté d'une porte. La gravure en est superbe, et la nature de la roche est elle-même digne d'attention par sa nuance très-rare, d'un rose plus foncé que la syénite ordi-

---

[1] La date en est fixée clairement au huitième jour du quatrième mois des moissons ⬭ (mésori), et la stèle porte en même temps la mention de la fête encore mal connue de nous : ⬭ *sep tep sat hebi*. Cette indication serait en contradiction manifeste avec la date fixe du 26 épiphi, que M. Brugsch a cru pouvoir dernièrement assigner à cette même fête. (Voy. Brugsch, *Matériaux pour servir, etc.* 1864, p. 70.) Mais, en examinant avec soin ce monu-ment et en lui comparant l'inscription de Hammâmat discutée par M. Brugsch, on reconnaît qu'il s'agit, dans les deux inscriptions, de la date précise du voyage du fonctionnaire et non pas de celle de la fête. Il résulte seulement de ces documents que cette fête, dont la mention est assez rare sur les monuments, fut célébrée en l'an 18 de notre pharaon *Pepi*.

[2] Je suppose qu'on prononçait *Meri-ra*, comme on prononçait certainement *Meri-amun*.

naire. C'est le monument le plus ancien que nous ayons rencontré à Tanis.

*Suten χab Ra-meri, neb (ïau)? meri χa-t, hor. . . . . nab, Pepi,
sa Hathor neb-t An-t, tu anχ neb.*
Le roi de la haute et de la basse Égypte, *Meri-ra*, le seigneur du
double diadème, celui qui aime (sa race?), le triple Horus vainqueur,
Pepi, fils d'Hathor, maîtresse de Dendérah, doué de toute vie.

Deux circonstances sont à remarquer dans cette
légende; la première est ce titre de fils d'Hathor,
inséré dans le cartouche. J'avais cru d'abord qu'il
s'agissait d'un autre pharaon, mais l'identité du
prénom *Meri-ra* et de la devise *meri-χa-t* ne me
laisse plus aucun doute [1].

Le titre de triple Horus d'or n'est pas habituel;
l'épervier est ordinairement seul; quelquefois, et
surtout dans le second empire, on trouve, ou deux
éperviers, ou  *Horus* et *Set* réunis, pour
caractériser les deux divisions de l'Égypte. Il semble
qu'ici *Pepi* aurait divisé son royaume en trois parties; s'il résidait, comme le croit M. Brugsch, dans
l'Égypte moyenne, la Thébaïde et le Delta com-
plétaient son empire, et pourraient nous expliquer les trois éperviers. Cependant l'Éthiopie, qu'il
paraît avoir aussi possédée, me semble fournir une

[1] Ce titre se retrouve d'ailleurs plusieurs fois dans les légendes de *Merira-
Pepi*. (Voyez *Lepsius*, *Königsbuch*, cartouche n° 25, variantes *e*, *g*.) L'explication
nous en a été donnée par la publication
toute récente de M. Dümichen sur les souterrains de Dendérah. On sait maintenant
que *Pepi* avait travaillé au temple d'Hathor,
qui existait à Dendérah, suivant la légende,
depuis les temps les plus reculés.

meilleure explication du troisième Horus. Le pharaon *Merira=Pepi* nous donne le premier exemple de quatre noms royaux bien distincts : en effet, outre ses deux cartouches et la devise ⸚ *meri χa-t*, qui est attachée au vautour et à l'uræus, il a encore une devise d'enseigne : ⸚ *meri to.* Sa pyramide ⸚ *Men-nefer,* connue depuis longtemps, complète les dénominations qui lui sont particulières.

Les nombreuses inscriptions tracées auprès des carrières d'El-kab, celles de la vallée d'Hammâmat et des rochers d'Assouan, attestent déjà partout l'activité et la puissance d'un règne sans partage. Mais l'inscription du tombeau d'*Una* va nous montrer le même souverain étendant la sphère de son influence bien au delà des limites où nous aurions cru naturellement pouvoir la confiner. Les inscriptions de cette époque sont hérissées de difficultés particulières, qui n'ont encore jamais été abordées par une analyse rigoureuse, et, pour ne pas ralentir à l'excès la marche de notre étude historique, je crois devoir réserver à un travail spécial les détails nécessaires pour justifier la traduction de ce grand texte, qui comprend cinquante colonnes d'hiéroglyphes. Je me bornerai à employer ici les phrases dont l'interprétation me paraît dès aujourd'hui fixée et pourra s'éclaircir brièvement par quelques notes.

Una nous apprend qu'il était d'abord ⸚ *tes mehi,* « porteur de couronne [1], » sous le roi *Teta*. Nous connaissons ce

---

[1] Voyez la planche VII, ligne 1. Cette planche n'est pas un *fac-simile* de l'inscription ; je n'en possède qu'une copie très-cursive, écrite et collationnée au milieu d'un ouragan de Khamsin, qui rendait impossible tout travail un peu délicat, le bloc étant alors déposé dans une cour du musée de Boulaq.

titre par plusieurs inscriptions, qui l'attribuent toujours à
l'enfance; c'était sans doute quelque emploi analogue à celui
des pages. Il reçoit du même roi la charge de 〔hiéroglyphes〕
mur pere-hab, « chargé de la demeure des laboureurs [1]. » Ce
titre est assez fréquent, on pressent facilement sa signification,
mais, jusqu'ici, rien n'est venu la préciser. C'est le début d'*Una*
dans la carrière publique, et ce devait être une position peu
élevée. *Teta* lui avait également donné un premier titre sacerdotal, dont la plus grande partie est effacée.

Le roi *Pepi* le fait à son tour 〔hiéroglyphes〕 *uer en teb*,
« chef du *teb*. [2] » C'est encore là un de ces nombreux emplois
civils, que nous ne savons pas définir, mais dont il faut constater la place dans l'élévation progressive de notre personnage.
Il devient ensuite 〔hiéroglyphes〕 *samer*, et 〔hiéroglyphes〕 *se-hat'*
nuter hen en nu-t-f. C'est le titre ordinaire des prêtres attachés
aux pyramides royales [3]; seulement, au lieu du nom de la pyramide, il y a ici le signe ordinaire pour les villes ⊙. Je pense
cependant qu'il s'agit de la pyramide *Men-nefer* de Pepi, car
nous verrons plus loin qu'*Una* s'occupa de la construction de
cet édifice. Après une petite lacune du monument, *Una* arrive
à la dignité de 〔hiéroglyphes〕 *sab er sep*. Je compare *sab* au copte ⲤⲂⲞ,
doctrina, et je pense qu'il indique « le savant, le docteur; »

---

[1] Il serait très-possible que le mot *hab*
eût ici un autre sens que *charrue*, tel par
exemple que le copte ⲤⲞⲨⲂ, « ouvrage
« en général. »

[2] Voyez la planche VII, ligne 2. — *Teb*
signifie « un coffre, » en général, et un
« cercueil. » Comme verbe, *teb* se traduit

par le copte ⲦⲞⲞⲂⲈ, *restituere, retri-*
buere.

[3] Ce titre, 〔hiéroglyphes〕 *se-hat'*, doit être rapproché
de l'expression *se-hat'asiri*, « illumination
« ou mise en lumière du défunt un tel, »
qui commence la formule des figurines
funéraires.

cette qualification se joint à presque toutes les fonctions où il
est question d'écriture. ⑩ *Sep*, qui est ici l'objet spécial de la
charge, rappelle la panégyrie nommée *Sep tep sat hebi* [1] et le
nom du monument solaire *Ra-sep*, que nous avons cité plus
haut [2]. Il paraît qu'ayant ce titre il fut chargé d'un emploi qui
consistait à ▯▯▯▯ *sam χet*, « écouter les choses, recevoir
« des rapports ou des requêtes. » Il était assisté d'un fonctionnaire (d'un grade inférieur?) dont le titre était ▯▯▯▯
..... *sabe t'a*. Malheureusement l'expression des diverses fonctions particulières qui lui étaient confiées avec son grade de *sab
er sep* est incomplète. On voit seulement qu'il avait accès dans
l'intérieur du palais et dans un lieu, à nous inconnu, qui
porte le nom de *la demeure de six* ▯▯▯▯ . *Una* atteste qu'il
remplit ces nouvelles fonctions de manière à satisfaire le cœur
de son seigneur, plus qu'aucun prince ▯▯▯▯ *sar*, plus
qu'aucun noble ▯▯▯▯ *saha*, plus qu'aucun serviteur
▯▯▯▯ *bak*.

C'est encore pendant qu'il a le grade de *sabe er sep*, que le
roi Pepi lui confie la mission d'aller chercher « un bloc de
« pierre blanche, pour faire un sarcophage, à *Rufu*. »

| *An-t* | *en* | | *ane* | *hat'* | | *kares* | *em* | | *Rufu.* |

Ce pays de *Rufu* [3] reste à déterminer : ses carrières sont

---

[1] Voyez la planche VII, ligne 3. Comparez la note 1, page 329. Le savant pour
le *sep* peut avoir été chargé du calendrier.

[2] Voyez la page 296. Comparez les
Matériaux pour servir à l'histoire du calen-

drier, de M. Brugsch, et la modification
proposée par M. Mariette, *Revue archéologique*, mars 1865.

[3] Voyez la planche VII, ligne 5. Je
prends ici ▯ pour l'abrégé de ▯ *fu*.

assez souvent mentionnées. *Una* ajoute que le roi lui donna un fonctionnaire du grade de ⌐ [1] *nuter saha*, avec des soldats pour accomplir cette expédition. Le vaisseau de transport dont il se servit était un ⌐ *sat aa en χennu*, c'est-à-dire un grand bâtiment de l'espèce nommée *sat*, appartenant à cette catégorie de l'administration que nous voyons souvent désignée, en pareil cas, sous le nom de χennu, « intérieur, » et à laquelle se rapportent un grand nombre de fonctions. Le vaisseau est chargé du sarcophage avec son grand couvercle ⌐, et divers autres blocs importants [2]. S'étant acquitté avec succès de cette mission difficile, *Una* voit sa faveur portée au comble, et obtient un grade plus élevé dans la hiérarchie; l'expression de cet avancement mérite d'être rapportée :

Ste-u   em   sabe   er sep,   tu-u hon-f em samer aa   mar   χente [3],

Comme j'étais [4] *sabe er sep*, Sa Majesté me fit un des *samers* et chef du χente.

à cause de l'allongement du petit appendice à gauche, plutôt que pour le signe ⌐ *amaχu*.

[1] Voyez la planche VII, ligne 5. Le ⌐ était un officier subalterne, car on le retrouve souvent parmi les gens de la famille et de la maison, dans les tombeaux des grands personnages.

[2] Voyez la planche VII, lignes 6 et 7. *Aa-am-f*, ou simplement *aum-f*, si le signe initial ⌐ est ici phonétique; diverses variantes m'indiquent *am* comme lecture du caractère ⌐. Ce signe apparaît dans le nom des bouviers, *amu*, sur les bas-reliefs des anciens tombeaux.

[3] Voyez la planche VII, ligne 8. Dans ce style, il est très-difficile de distinguer le bloc ⌐, de la lettre *i* ⌐ ; ⌐ y sert souvent encore à désigner les bassins et même les champs. Comparez ici les χenta ou bassins pour la construction des navires, dont il sera question ci-après, et qui sont très-probablement l'objet principal de cette fonction.

[4] ⌐ est la forme antique la plus ordinaire de la particule ⌐ *aste*, qui sert habituellement à relier deux événements dans un récit. La voyelle ⌐ sert très-souvent, dans ce même style, à indiquer la première personne. Elle remplace, à elle seule, la figure de la personne qui parle. *Ste-u* doit se traduire par « quum essem. »

On trouve un peu plus loin *mur χente-u,* « chef des gens du
« *χente* [1]. » Le *mur χente* était un très-haut dignitaire : nous
allons le voir chargé des commandements les plus importants.
Le roi, pour le récompenser de son mérite, lui accorde d'abord
une faveur dont nous avons déjà rencontré l'expression, il le
choisit pour l'accompagner dans ses excursions [2].

Ar-t   setep   sa   em   ar-t   ua-t   suten,

Il fut fait l'élu du *dos* (ou de la suite) quand le roi faisait route.

Il constate une nouvelle fois la satisfaction du roi, qui lui
donne une charge de surintendant ou économe (*šen-t χet em
suten (šeti ?) er suten hime uer-t*), dans la maison de la royale
épouse, ⸗ *Am-tes* [3]. Cette princesse nous était inconnue.
Elle est qualifiée ⸗ « royale épouse principale. » Mais,
comme nous le verrons plus loin, ce fut une autre femme qui
eut la bonne fortune d'être la mère de l'héritier du trône.
Una apparaît désormais comme une sorte de ministre favori.
Pepi le charge de recevoir toutes les demandes, à l'exclusion
de tout autre fonctionnaire et de tout prince, tant était grande
l'estime que le roi avait conçue pour lui. Il ajoute [4] :

Nuk   ari   em   seia   ua-ku   hna   sabe   er sep

C'est moi qui faisais les écritures, moi seul, assisté d'un *sabe er sep.*

---

[1] ⸗ . La présence de ⸗
indiquerait une fonction relative à l'exté-
rieur. Les bassins cités plus loin étaient
en Nubie.

[2] Planche VII, ligne 9. (Voyez plus
haut, page 111.)

[3] Planche VII, ligne 10.

[4] Voyez planche VII, lignes 11 et 12.

Il ajoute qu'aucun homme, revêtu de la dignité de *mur-χent-u,* n'avait joui auparavant d'une pareille confiance de la part du roi, qui l'avait admis aux secrets de la demeure de la reine et « qui l'estimait plus fort que tous ses princes, tous « ses nobles et tous ses serviteurs. » *Una,* comme on le voit, ne craint pas la répétition de son propre éloge.

Ici commence le récit d'une grande guerre soutenue par le roi *Pepi* contre deux nations très-importantes, 〈hiéroglyphes〉 et 〈hiéroglyphes〉. La première désignation ne me paraît pas autre chose qu'une variante graphique du mot *Amu* [1], reconnu depuis longtemps pour le nom des nations syriennes. La seconde, *Heru-ša,* quoique assez souvent citée sur les monuments, n'a été l'objet, sous les derniers pharaons, d'aucune expédition spéciale qui détermine exactement sa position. Nous allons rencontrer ici quelques renseignements nouveaux sur le peuple ainsi nommé.

Pepi s'occupe d'abord de former « une armée de beaucoup « de myriades de soldats [2]. »

Ar en   hon-f   menfi   en   tebu   aïu.

Il les rassemble de toutes les parties de l'Égypte, et met, en

---

[1] Cette variante est connue, en ce qui concerne le signe 〈signe〉 *am;* le dessus de porte 〈signe〉 ne fait ici, à ce qu'il me semble, que le doubler; les compléments phonétiques 〈signe〉 *u,* 〈signe〉 assurent la lecture *am.* On voit l'antiquité de cette dénomi-nation, que M. Brugsch a rapprochée avec raison tant de l'hébreu עם *populus,* que du copte ⲉⲙϩⲉ *bubulcus.* Voy. la note 2, page 120. (Planche VII, ligne 13.)

[2] V. pl. VII, l. 14. Le lézard, dans le sens de « nombreux, » a diverses prononciations.

outre, à contribution l'Éthiopie, dont nous apprenons ainsi, pour la première fois, la soumission à l'Égypte. Il fait venir une multitude de nègres des pays suivants : ⟨hiéroglyphes⟩ *Areret,* ⟨hiéroglyphes⟩ (?...*m*); ⟨hiéroglyphes⟩ *Amam;* ⟨hiéroglyphes⟩ *Uaua-t;* ⟨hiéroglyphes⟩ *Kaau;* ⟨hiéroglyphes⟩ *Totam*[1]. *Una* fut mis par le roi à la tête de toute cette armée, dont l'organisation lui fut confiée; œuvre difficile, et que notre personnage entreprit à l'aide de moyens tout semblables à ceux que nous employons aujourd'hui dans les colonies. Tous les généraux et officiers de l'Égypte, et même, à ce qu'il semble, les soldats, furent occupés à dresser cette multitude de nègres au métier des armes; rien de plus instructif que l'énumération de ces fonctionnaires. Le roi fait appel à tous les ordres de l'État, car on y voit figurer même les chefs du sacerdoce. « Je fus « envoyé, dit *Una*, à la tête de cette armée. »

Ste	ha-u,	ste	χabi	sahu-u,	ste
ha-t	ua	semer	aa-u,	ste	her - u ,
hek-a ha-t	na	res	to mehet,	semer-u	nub ,

[1] Presque tous ces noms se retrouvent dans les monuments postérieurs; ils renferment évidemment l'énumération des principales populations du haut Nil. On trouve des noms nouveaux dans les monuments postérieurs. (Pl. VII, lig. 15, 16.)

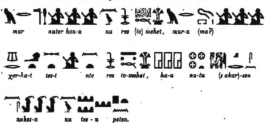

« Voici que les gouverneurs (les préfets?), les familiers du palais, les chefs, les gouverneurs de villes (de l'Égypte), du midi et du nord, les *semer* dorés, les chefs des prêtres du midi et du nord (de l'Égypte) et les Toparques(?), à la tête de tous les guerriers du midi et du nord (de l'Égypte), des villes et des bourgades, instruisirent les nègres de ces régions[1]. »

Una complète ainsi l'histoire de cette organisation :

C'était moi qui leur donnais la direction.

---

[1] (Voyez la planche VII, lignes 17 et 18.) La plupart de ces fonctions sont déjà connues au moins de noms. Les *semer nub* sont sans doute ceux qui, à leur titre de *semer*, joignaient la décoration que l'inscription d'*Ahmès*, fils d'*Abna*, appelle *nub en kent*, « l'or de la valeur, » décoration qui apparaît sous diverses formes ; mais surtout sous celle de colliers d'or richement décorés. Le signe 🏠 indique évidemment ici une localité plus importante que ⊕. Les 👁🏠 sont les gouverneurs des grandes villes, des chefs-lieux de nomes. Le dernier titre exprimé par *mur* et le caractère ⌇ reste douteux ; le signe ⟺ prend souvent des formes bizarres dans les très-anciennes inscriptions, mais je ne puis répondre qu'il s'agisse ici de cette variante et qu'il faille lire, comme je le fais, *ma*, « lieu. » La restitution du verbe *akar* ou mieux *s-akar*, « instruire, » me paraît acceptable. Je ne veux pas omettre de faire remarquer la forme 🔲 *peten*, très-usitée, pour le pluriel du pronom démonstratif, dans l'ancien style. Le mot *tes*, « guerrier, » figure avec la même orthographe dans l'inscription de *Pianχi meriamun*; nous allons le retrouver plusieurs fois. Remarquez aussi l'orthographe *na*, pour la particule de flexion.

L'inscription explique, dans une suite de phrases très-difficiles à interpréter, que la charge d'*Una* l'obligeait à tout organiser, à distribuer partout des vivres et des chaussures pour la route et à discipliner cette armée peu homogène; il termine ce paragraphe en vantant, comme d'ordinaire, l'excellence des résultats de son administration [1]. L'armée, ainsi préparée, accomplit une série d'invasions sur le territoire des *Heru-ša*; mais ses campagnes ne sont malheureusement indiquées que par quelques mots : « Cette armée bouleversa le pays des « *Heru-ša* et revint heureusement. Elle rasa les places fortes « et revint heureusement. Elle coupa ses (figuiers?) [2] et ses « vignes, et cette armée revint heureusement. . . . . Elle y tua « une multitude de myriades de guerriers, et cette armée re-« vint heureusement. Elle ramena une grande quantité de pri-« sonniers vivants, et fut plus louée du roi pour cela que pour « toute autre chose. Le roi m'envoya . . . . . cinq fois pour « écraser le pays des *Heru-ša*, et pour réprimer ses révoltes « avec cette armée. J'agis de manière à ce que le roi fut com-« plétement satisfait. »

Il apprend ensuite que les mêmes barbares se sont rassem-blés dans un pays nommé ⸻ *Taχeba*(?) [3]. Il marche

---

[1] Voyez planche VII, l. 19, 20, 21 et 22.

[2] ⸻ *tab*. Le déterminatif semble bien une figue. Comparez le même fruit, *tab*, sur un panier offert par Séti Ier à Ammon. (Lepsius, *Denkmäler*, III, pl. 125.) L'arbre *tab* est toujours cité avec les vignes. (Voyez les inscriptions du tombeau d'*Amten. Denkmäler*, II, 7.) Les phrases traduites se trouvent planche VII, lignes 23, 24, 25, et planche VIII, lignes 26, 27 et 28.

[3] La forme de l'animal est un peu douteuse dans ma copie; peut-être s'agit-il de l'antilope à cornes flamboyantes, au lieu du bélier. (Voyez la planche VIII, ligne 29)

aussitôt contre eux; l'armée s'embarque pour atteindre cette nouvelle direction :

Sauf un signe de tracé douteux, la phrase est parfaitement claire et se traduit ainsi :

« Je partis (de nouveau) sur des vaisseaux, avec ces guerriers; j'écrasai ce pays, « jusque dans les extrémités [1] reculées de cette région [2], au nord du pays des *Heru-ia*. »

Quelques phrases plus obscures terminent le récit de la campagne, où périrent tous ceux qui voulurent résister aux forces égyptiennes [3].

Sans pouvoir encore préciser le pays où *Pepi* envoyait ainsi ses armées, nous pouvons cependant remarquer que les troupes égyptiennes passèrent la mer, au moins la dernière fois, pour atteindre plus vite et plus sûrement l'ennemi. On le poursuit

---

[1] Voyez planche VIII, lignes 30 et 31. *pehu*, signifie « les marais » et « les « extrémités. » Je pense que le second sens est ici préférable. *uauu*, est douteux; je l'interprète par le copte ⲟⲩⲉ *distantia*, ⲟⲩⲉⲓ *distare*. L'absence de déterminatif est souvent une cause de doute.

[2] *Tes* se trouve quelquefois dans le sens de « région. » Comparez le copte ⲑⲟⲩⲥ *finis*, *extremitas*. On voit que c'est le phonétique appliqué ici par notre inscription au signe ▪▪▪. Je ne sais pas si le même phonétique s'emploie pour une « nation. »

[3] Voyez planche VIII, ligne 31.

au nord du pays des *Heru-ša*. Ce renseignement me fait penser qu'il ne peut pas être question des côtes de la Libye, où les ennemis défaits se seraient plutôt enfoncés vers le midi. La position de *Taχeba* (?) ne nous est pas mieux connue. Les figuiers et les vignes nous engagent à penser à l'Arabie Pétrée ou à quelque partie de la Syrie. Ce pays était certainement voisin de l'Égypte, puisque l'armée de *Pepi* y retournait pour ainsi dire tous les ans. On ne doit pas s'étonner outre mesure de ne pas rencontrer un peuple du même nom sur le chemin des *Tutmès* et des *Ramsès*; bien des siècles s'étaient écoulés depuis les victoires de *Pepi*, et les nations avaient changé de place. Le nom des *Heru-ša*[1] était probablement devenu une appellation générique et traditionnelle : on ne le retrouve plus que dans les énumérations de peuples et parmi les grandes divisions de races, ou dans certains morceaux poétiques, comme l'hymne de *Tutmès III*. Quoi qu'il en soit, voilà nos idées singulièrement agrandies sur la puissance des pharaons de la vi° dynastie. Au midi, leur domination était assez solidement établie sur les tribus éthiopiennes pour en tirer une grande quantité de nègres destinés à leur armée. Pour discipliner cette immense multitude ⳾ *tebu ašu*, « beaucoup de myriades, » dit le texte, *Pepi* avait fait appel à tous les fonctionnaires de son royaume; il est curieux de constater que

---

[1] Si l'on voulait traduire ce nom, *hera-ša* signifierait clairement « seigneurs des « sables. » Rien de plus naturel qu'un pareil nom pour des tribus syro-arabes. On voit cependant que leur pays contenait des parties riches et fertiles. Il n'est pas du tout certain, d'ailleurs, que le nom doive être traduit. Peut-être *Heru-ša* n'est-il qu'une transcription d'un nom étranger; on devrait alors rapprocher ce mot du radical חרש.

les chefs du sacerdoce ne furent pas eux-mêmes exemptés de
ce commandement difficile; on voit qu'ils tiraient l'épée au
besoin, comme les lévites d'Israël[1]. Les prisonniers nombreux
ramenés par *Una* plurent au roi plus qu'aucun autre butin,
et c'est ainsi que nous voyons apparaître un premier exemple
de ce système politique constamment mis en usage par les
pharaons, et qui consistait à chercher par la conquête à se
procurer, à peu de frais, des bras supplémentaires, soit pour
la culture de leurs domaines, soit pour les travaux publics,
dont l'énorme développement écrasait nécessairement leurs
sujets. Quoiqu'il nous soit permis de rabattre quelque chose
des éloges qu'il décerne à son administration, *Una* fut probablement en réalité le personnage le plus important de ce
règne, car il se montre à nous, tout à la fois, comme grand
fonctionnaire civil, comme organisateur de l'armée, et comme
général victorieux. La dernière faveur qui lui est accordée,
en récompense de ses grandes actions, consiste à garder ses
sandales dans le palais[2]; c'était un honneur très-rare; il lui fut
conservé sous le règne suivant, auquel se rapporte le reste de
l'inscription. Nous l'étudierons plus loin avec les autres monuments du temps de *Mer-en-ra*.

Nous ne nous appesantirons pas sur les tombeaux de Zaouyet-
el-Meïteïn et de Cheikh-Saïd, où les fonctionnaires moins importants du règne de *Pepi* ont été ensevelis. Les publications
de Burton, de M. Prisse et de M. Lepsius, en ont fait connaître

---

[1] Aucun fait ne pouvait être plus décidément contraire à l'idée d'un partage de la
nation en castes absolument séparées. — [2] Voyez la planche VIII, ligne 32.

les tableaux les plus curieux; mais les fouilles d'Abydos et de
Sakkarah ont ajouté plusieurs personnages à la liste des contemporains de notre pharaon; en voici quelques-uns qui méritent d'être cités :

1° ⬭ *Ra-meri-anχ*, enseveli à Sakkarah, était
⬭ *mur Rufu* [1], « gouverneur de *Rufu*, » c'est-à-
dire de cette région riche en carrières, où nous avons vu *Pepi*
envoyer chercher le bloc destiné à son sarcophage. Il était, en
outre, « chef des travaux du roi. »

2° ⬭ *Pepi-neχt* était *heb* en chef et ⬭
⬭ « gouverneur de la ville de la pyramide [2]. » Il s'était
fait construire un tombeau à Abydos, ainsi que le suivant.

3° ⬭ *Pepi-na* fut prêtre de la pyramide *Men-
nefer* de *Pepi* et de la pyramide *Ša-nefer* de *Mer-en-ra*. Les noms
de ces deux personnages indiquent qu'ils vécurent du temps
de *Pepi*.

Le même cimetière d'Abydos nous a fourni un monument
du plus haut intérêt, et qui éclaircit toute une série de renseignements relatifs aux deux successeurs de *Pepi*. On savait, par
une stèle d'Ouadi-Magarah, que le roi *Neferkara* était fils de
Pepi et de la reine *Ra-meri-anχ-nes*, et néanmoins le successeur immédiat de *Pepi* était certainement *Mer-en-ra*. Le monu-

---

[1] Cette région est également citée, dans un tombeau de Beni-Hassan, comme une contrée de chasse. Notre *Rameri·anχ* de Sakkarah est peut-être le même fonction-naire qui est cité, à Ouadi-Magarah, dans l'inscription de l'an 18 de *Pepi*, où figure son fils comme inspecteur des travaux du roi.

[2] Le gouverneur de la ville de la pyra-mide était souvent un personnage tout différent du prêtre chargé de présider au culte commémoratif du roi enseveli.

ment d'Abydos va nous prouver que ces deux rois étaient frères de père et de mère, et lèvera toute difficulté.

La reine ⟨cartouche⟩ *Ra-meri-anχ-nes* est ainsi qualifiée dans l'inscription d'Ouadi-Magarah[1] :

Saten hime   mer-t-f   nte   Ra-meri   men   nefer,

Épouse du roi qu'elle aime, de *Meri-ra* (dont le tombeau se nomme) *Men-nefer*. »

Et en outre :

Saten ma-t   χab   nte   Ra-nefer-ka   men   anχ,

Mère du roi de la haute et basse Égypte, *Neferkara* (dont le tombeau se nomme) *Men-anχ*.

Mais le tombeau d'Abydos, appartenant à la famille de cette princesse, nous a fourni des légendes bien plus complètes. Voici la série des qualifications qui lui sont attribuées sur la porte de ce monument[2] :

Ra-meri   men-nefer   saten hime, am ur-t, hes ur-t

nuter ur-t,   ur   χet,   Hur   semer-t,   Hor   tas-t

Ra-mer-en   ša-nefer   suten χube ma-t,   Ra - meri -   anχ - nes.

[1] Voyez Lepsius, *Denkmäler*, II, 116. — [2] Ces légendes sont disposées en colonnes sur le monument.

La royale épouse de *Merira* (dont la pyramide est) *Men-nefer*, la grande de la grâce, la grande de la faveur, la grande du dieu, la grande de toutes choses, la compagne de l'Horus, la [1]..... de l'Horus; la mère du roi de la haute et basse Égypte, *Mer-en-ra* (dont la pyramide est) *Ša-nefer, Ra-meri-anχ-nes*.

La seconde légende est exactement semblable à celle-ci, sauf que la même princesse y est qualifiée :

Mère du roi de la haute et basse Égypte *Neferkara* (dont la pyramide est) *Men-anχ*.

La figure de la princesse accompagne ces inscriptions; elle est coiffée du vautour, insigne de sa maternité royale. *Mer-en-ra* était le frère aîné de *Nefer-ka-ra*, car il est cité le premier et il régna avant son frère, comme nous le verrons tout à l'heure.

Nous connaissons les parents de cette reine, et ils peuvent aussi donner lieu à quelques observations intéressantes. Divers blocs du musée du Caire, provenant du même tombeau, complètent les renseignements inscrits sur la porte que je viens de citer. Le père se nommait 🔵🦅 *Xua*. Son premier titre est ⌐⌐ *nuter tef*, « père divin. » C'est quelquefois un simple titre sacerdotal, mais, dans une acception toute spéciale, il servait aussi à caractériser le père du roi, n'ayant pas régné lui-même. Il est possible que *Xua* ait reçu cette qualification, non pas comme père de la reine, mais plutôt comme grand-

---

[1] *Tas-t*, qualification qui n'est pas éclaircie. (Voyez page 6o.) On remarquera encore, dans toutes ces qualifications, l'inversion constante, excepté dans le membre de phrase *ur χet*, « grande (de » toutes sortes) de choses. »

père des deux rois. Son gendre et ses petits-fils lui avaient, en outre, conféré des dignités éminentes; il est qualifié :

⬚ *erpa* [1], « (chef) héréditaire; »

🐦 *mur nu-t*, « commandant de la ville de la « Pyramide; »

ha ša, « chef (du diadème?); »

χerp uer-u res mehit, « commandant des « grands du Midi et du Nord; »

χerp ha-u nta [2] *χab*, « commandant des prin-« cipales villes de la basse Égypte; »

χerp aau-t neb neter ar-t, « chef de toutes les « dignités des choses divines, » ce qui signifie probablement : « chef du sacerdoce de toute l'Égypte. »

Dans l'inscription qui accompagne le monument de la

---

[1] Ordinairement le titre des chefs héréditaires est écrit : ▬▬ *erpa ha;* ici *erpa* est seul. Cette circonstance, jointe au titre de *tef nuter*, « père du dieu, » pourrait donner lieu à une autre conjecture. Nous sommes au début d'une nouvelle dynastie, il pouvait exister plusieurs prétendants à la couronne : il serait donc possible que le titre *erpa*, qui paraît pris ici dans un sens absolu, eût pour objet de constater certaines prétentions héréditaires de X*aa*, absorbées par le mariage de sa fille avec *Merira-Pepi*, et qui peuvent avoir donné lieu au titre, exceptionnel pour lui, de ◿ « père divin. » Il semble que Pepi lui ait fait sa part, pour ainsi dire, par les grands titres qu'il lui donne. Sa femme, si cette conjecture est vraie, aurait partagé ses prétentions; je serais même disposé à croire qu'elle était la véritable héritière du trône égyptien, car, outre que sa légende débute également par le titre *erpa-t*, les diverses qualifications qu'elle prend, comme fille de *Thoth* et d'autres divinités, sont tout à fait en dehors des titres permis aux simples princesses, filles ou parentes des pharaons.

[2] ▭; je ne saurais décider si c'est une variante pour ▭, ou bien une locution particulière.

reine, *Xua* est simplement qualifié : ▭▭▭▭ *tef erpa ha nuter meri,* c'est-à-dire, « son père, chef héréditaire et prêtre « de l'ordre dit *nuter-meri.* » Il constate aussi, dans le même endroit, qu'il a été attaché aux trois rois *Nefer-ka-ra*, *Ra-meri* et *Mer-en-ra.*

Sa femme, la mère de la reine, sé nommait : ▭▭▭ *Ne-kabe-t* [1]. Tous ses titres indiquent une princesse d'un rang éminent. Nous y retrouvons d'abord la qualification ▭▭ que nous ne savons pas expliquer. Le reste de sa légende est aussi assez obscur; en la comparant avec d'autres séries de titres, j'essayerai d'en traduire quelques parties :

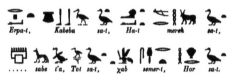

Erpa-t,	*Kabeba*	*sa-t,*	*Ha-t*	*mereh*	*sa-t,*
..... *sabe*	*t'a,*	*Tot sa-t,*	*χab*	*semer-t,*	*Hor sa-t.*

L'héritière, la fille de *Kabeba*, la fille de *Ha-t-mereh*, ... la fille de Thoth, l'amie du roi de la basse Égypte, la fille d'Horus. »

Il y a dans ces titres quelques mots qui nous sont bien connus et qui nous aident à couper la phrase. *Xab semer-t* signifie « l'amie du roi de la basse Égypte; » nous avons trouvé le titre correspondant dans la qualification *saten semer-t* ▭▭▭, qui indique le même honneur rapporté au *saten* ou « roi de la haute Égypte. » La dame *Nekabe* se dit la fille de divers personnages divins; cette prétention, tout à fait analogue à celle qu'implique le titre royal de fils du soleil, in-

---

[1] Cf. נכבה, *mulier.*

dique, sans aucun doute, la race royale; elle remplace ici les
titres de prêtresse que nous trouvons souvent ailleurs. Les
noms des dieux Horus et Thoth nous sont familiers. Je considère la vache *Hat-mereh* comme une représentation d'Hathor,
mais je ne connais aucunement *Kabeba* (?), qui n'a malheureusement aucun déterminatif, après son nom, pour guider
nos conjectures. On doit encore remarquer, comme un fait
très-rare, l'attribution à une femme du titre ..... *sabe ta;* nous
l'avons rencontré tout à l'heure comme le nom d'un fonctionnaire adjoint à *Una*, dans l'exercice de ses charges importantes. Il n'est pas rare pour les hommes, mais je crois qu'on
doit le regarder comme constatant un mérite particulier chez
la princesse *Nekabe*. Après ces qualifications, suit la formule :
« la dévouée à Osiris de l'Amenti, seigneur d'Abydos. » La
position élevée qu'indique l'ensemble de cette légende m'engagerait à prendre le titre initial *erpa-t* dans le sens de « prin
« cesse héritière du trône. »

Le même tombeau mentionne un personnage nommé [1] (*T'aabu* ?), qui est indiqué comme ⌐⌐⌐ *san-sen*,
« leur frère, » c'est-à-dire probablement le frère de la reine et
des autres fils de *Xua;* il eut aussi une position élevée dans
l'État.

J'ai dit que *Mer-en-ra* régna avant son frère; toutes les
listes portent en effet son cartouche après celui de *Pepi.*
Outre les nombreux tombeaux de l'Heptanomide, où
son nom accompagne si souvent celui du même roi, on

---

[1] J'interprète conjecturalement le bois sec ▮ par le copte Bo, *lignum.*

possède une inscription gravée sur les roches d'Assouan [1], et qui atteste un voyage du roi, en personne, au pays des cataractes. ⨾⌐∏⌐⌐ ⌐ ∧ « le roi lui-même est venu et re-« tourné. »

La grande inscription d'*Una*, qui nous a été d'un si puissant secours pour l'histoire du règne de *Pepi*, se continue sans interruption par les emplois qu'il a gérés sous celui de *Mer-en-ra*. Ce roi lui conféra la dignité de ⌐⌐⌐⌐⌐ *ha, mur res*, « chef, gouverneur du Midi, » c'est-à-dire de toute la haute Égypte. L'étendue de son commandement est ainsi définie [2] :

Xent   em   Abu   mehet em hesep-aa,

En remontant jusqu'à Éléphantine, le nord au 2° nome de la basse Égypte;

ce qui correspond au nome Létopolitès, suivant l'attribution de M. Brugsch. Cela n'implique pas toutefois nécessairement que son commandement comprît Memphis; le nome Létopolitès pouvait avoir des parties occidentales s'étendant au midi, de manière à borner de ce côté le territoire attribué à l'Égypte supérieure.

Je rencontre ensuite des phrases assez nombreuses pour constater la faveur que lui conserva le nouveau souverain et qu'il conclut ainsi [3] :

An sep   ar-t   aaa-t   ten en   bak   neb   t'er   meta,

Jamais n'avait été faite cette dignité à aucun serviteur auparavant.

---

[1] Voyez Lepsius, *Denkmäler*, II, 116. — [2] Voyez planche VIII, lignes 32 et 33. — [3] Voyez planche VIII, ligne 35.

Il se servit de ce grand pouvoir pour administrer la haute
Égypte à la satisfaction du roi. *Mer-en-ra*, s'occupant à son
tour d'organiser sa sépulture, charge le gouverneur de la haute
Égypte de la recherche d'un beau sarcophage et d'autres blocs
destinés à sa pyramide nommée *Ša-nefer*. Les expressions sont
ici très-curieuses [1] :

Sa Majesté m'envoya vers *Abeha* pour ramener du seigneur vivant le sarcophage;
— mot à mot : « le coffre des vivants. »

Les Égyptiens se plaisaient à donner à la mort le caractère
de la vie véritable et définitive. La suite lève toute équivoque
et prouve que c'est bien le même bloc de pierre que le commencement de l'inscription, relatif au tombeau du roi *Pepi*,
avait nommé ⟨hiero⟩ *kares*, « le sarcophage. »

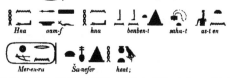

Avec son couvercle, avec le pyramidion noble [2] et précieux de la pyramide *Sa-nefer*
hent de *Mer-en-ra*.

[1] Voyez planche VIII, ligne 38.

[2] *Sahu-t* est ici évidemment une qualification honorable, dont la nuance ne
m'est pas connue. Nous avons vu tout à
l'heure que les *sahu* étaient des nobles
d'un rang inférieur aux *sar* ou princes.

Je ne saurais décider quelle modification de l'idée est indiquée par l'addition du groupe *hent*, suivi de l'épervier divin [1].
Peut-être est-ce une qualification de la pyramide de *Mer-en-ra*;
mais ce groupe pourrait aussi désigner le dieu ou mieux la
déesse gouvernante de l'ensemble de la construction. Nous
avons vu *Isis* revêtue à Gizeh du même titre *hent*, par rapport
à la grande pyramide. Dans ce cas, le *benben* ou pyramidion
aurait été destiné non à la pyramide, mais au temple de la
déesse rectrice de cet édifice; ce point reste douteux pour moi.

Voici d'autres voyages exécutés par *Una*, pour des travaux
analogues; nous les étudierons séparément [2].

Sa Majesté m'envoya à Éléphantine pour en rapporter, en granit, un édicule avec
son socle.

Le déterminatif indique ce qu'il faut entendre par le groupe
ar-tu : c'est sans doute une chapelle ou une niche [3] monolithe.

---

[1] *L'amenti* écrit par l'épervier sur son perchoir se trouve quelquefois dès cette époque : dans cette hypothèse on pourrait lire ici *hent amenti*, et comprendre ceci comme une épithète d'honneur attribuée à la pyramide *Sa-nefer*, en traduisant « reine « de l'Occident. » Je dois prévenir cependant que je n'ai jamais trouvé de qualification analogue, appliquée aux autres py-ramides, et je préfère la première hypothèse.

[2] Voyez la planche VIII, ligne 39.

[3] Je compare le mot aux stations nommées *ari*, dans le chapitre 147 du *Rituel funéraire*, et je pense que le lion a pu être lu *ar*, dans ce mot, en suppléant une voyelle initiale. Ce groupe figure assez souvent parmi les parties des temples.

Quant au mot *sat* [1], je le traduis conjecturalement par *base*,
seuil, sans avoir une preuve décisive sur l'emploi du bloc ainsi
dénommé. Voici d'autres blocs de granit, énoncés à la suite
des premiers : ⟨hiéroglyphes⟩ *ma-ti am-u rui-tu*, « en
« granit, des corniches et des (linteaux?). » La forme du signe
⟨signe⟩ indique ces beaux blocs qui complètent l'entablement au-
dessus des ouvertures; quant aux blocs nommés *rui*, ils sont
assez souvent mentionnés dans les inscriptions, mais je ne
pourrais pas définir, quant à présent, leur destination. L'inscription continue à expliquer l'objet de la mission d'Una [2] :

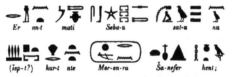

Er   an-t   mati   Seba-u   sat-u   nu

(šep-t?)   hur-t   nte   Mer-en-ra   Ša-nefer   hent;

Pour rapporter, en granit, les portes et les (seuils?) du (corridor?) supérieur
de la pyramide *Ša-nefer-hent* de *Mer-en-ra*.

Ici le terme *seba*, « porte, » en copte ⲤⲂⲈ, nous est bien
connu. Quant au mot douteux, *šep-t* ou *kep-t*, la pluralité des
portes m'engage à le considérer comme le nom d'une de ces
galeries qui avaient été construites, avec un soin si exquis,
dans certaines pyramides [3]. Tous ces termes d'architecture

---

[1] Dans ce mot, l'homme dans l'atti-
tude d'un laveur, ou du boulanger pétris-
sant sa pâte, n'est qu'une expression phonétique de la syllabe *sat*.

[2] Voyez la planche VIII, ligne 4o.

[3] Le signe ⟨signe⟩ ne m'est pas connu; je
vois seulement qu'il a pour deuxième complément ⟨signe⟩ *p*. Est-ce une variante de ⟨signe⟩
šep? ou bien peut-être de ⟨signe⟩ *kep?* Celle-ci
serait plus séduisante, elle conduirait au
copte ⲔⲎⲠⲈ *fornix*, qui donnerait un
sens excellent : « salle ou corridor voûté. »

demandent sans doute des études ultérieures pour être appliqués avec plus de certitude à chaque objet. Nous en savons
assez, néanmoins, pour bien nous rendre compte de la mission : son importance et sa difficulté apparaissent dans le
choix de ce grand fonctionnaire. *Una* part avec six vaisseaux
useχ, trois vaisseaux *sat*, trois navires d'un nom douteux et
un vaisseau de guerre, ainsi indiqué : ⌐▅⌐ *en menfi*
ua ua, « d'armée vaisseau un. » La phrase suivante montre que
ces navires n'étaient pas envoyés de Memphis, mais bien construits dans la haute Égypte [1] :

Aan sep   pa-t   ar-t   Abeha-t   Abu

en   menfi   ua   ua,   her   hau   (χu?) neb;

Jamais il n'était arrivé qu'eussent fait *Abeha*, ni Éléphantine, un vaisseau de guerre
dans le temps d'aucun ancêtre [2].

On voit qu'Una veut constater les progrès que son administration avait fait faire aux chantiers établis dans ces localités.

Tout fut exécuté conformément aux ordres du roi *Mer-en-ra*,
qui lui confia aussitôt une nouvelle mission du même genre
et tout aussi curieuse pour nous [3] :

Habu   hon-f er   Ha·t-nub   er   unt   hotep

[1] Voyez planche VIII, lignes 41 et 42
[2] Le personnage n'a pas l'uræus en tête
dans ma copie; peut être néanmoins faut-
il le restituer et lire *saten neb*, « du temps
d'aucun roi. »
[3] Voyez la planche VIII, ligne 43.

aa en (kes-t?) Ha·t-nub,   s-ha-ka   nef hotep pen en hru 17;

Sa Majesté m'envoya à *Hu-nub* pour en rapporter une grande table (d'albâtre?) de
Ha-nub. Je fis extraire pour lui cette table en 17 jours.

M. Brugsch n'a pas trouvé de renseignements sur la ville
nommée *Ha-nub*, qu'il conjecture avoir été le vrai nom de *Ca-
nopus* [1]. Il me semble probable que le groupe ☒ est ici le nom
de l'albâtre antique, quoiqu'il diffère sensiblement de celui
qui a été indiqué par le même savant [2]; l'albâtre est la matière
de prédilection pour les tables votives : il en résulterait que
notre *Ha-nub* pourrait être le *Mons Alabastrites* des anciens.
Cette commission paraît avoir été très-difficile à exécuter. Un
navire *useχ-t* ne pouvait pas arriver à *Ha-nub;* *Una* fit construire exprès une *useχ-t* dans une partie du fleuve nommée
še netes ▬ ⊐ « le petit bassin ? » Ce transport avait soixante
coudées de long sur trente de large, ce devait être une sorte
de chaland; il fut préparé en 17 jours [3], dans le mois d'Épiphi,
et puis, l'eau manquant dans le fleuve, on ne put faire arriver
le bloc précieux qu'à force de bras jusqu'à la pyramide *Ša-
nefer*. C'est, du moins, ce que je crois comprendre dans la
dernière phrase de ce curieux récit.

Une autre mission remplie par *Una* est bien plus intéres-

---

[1] Voy. Brugsch, *Géographie*, I, p. 225,
282.

[2] *Id. ibid.* III, pl. XII, 3, ☒ ▬ *kes*,
« albâtre. » On peut admettre facilement
que le graveur a passé le ▬, ou que
le signe ☒ a été pris pour la syllabe *kes*.

[3] Ou peut-être « le 17 d'Épiphi. » (Voy.
planche VIII, ligne 44.) S'il s'agit de
l'année fixe sothiaque, Épiphi et Mésori
étaient, en effet, les mois des plus basses
eaux. Mais la question de savoir quelle
était l'année civile n'est pas résolue.

sante au point de vue de l'histoire. Elle nous fait voir que *Mer-en-ra* cherchait, à son tour, à tirer parti, pour l'empire égyptien, de la suzeraineté qu'il possédait comme son prédé-cesseur sur les provinces éthiopiennes. Il en était déjà, sans doute, dans ce temps comme dans les époques plus rappro-chées de nous, où le commerce du haut Nil a toujours été une source de richesses pour ceux qui l'ont exploité [1].

Sa Majesté m'envoya pour creuser quatre bassins[2] dans le midi, pour fabriquer des vaisseaux *usex* et des navires *sat* dans le (petit bassin?) du pays de *Uaua-t*.

Tout est clair dans cette phrase, sauf cette expression *le net'es*, que je rencontre pour la seconde fois, et dont l'inter-prétation aura besoin d'être confirmée ou éclaircie par d'autres exemples. *Uaua-t*, partie importante et riche de l'Éthiopie, fut soumise à l'Égypte sous tous les rois puissants. Elle pro-duisait des bestiaux, de l'ivoire, de l'ébène, de l'or et d'autres métaux précieux[3]. Comme le haut Nil pouvait être plus facile-ment approvisionné de bois que l'Égypte, c'était un plan d'une

---

[1] Voyez planche VIII, lignes 45, 46.
[2] Le phonétique *xenta* se trouve deux lignes plus loin, comme nom spécial de ces bassins : leur direction paraît avoir été précisément l'objet de la charge de *mar xenta* que possédait *Una*.
[3] Voyez Brugsch, *Géographie*, III, 62, pour la situation et les produits de *Uaua*.

sagesse remarquable que d'y établir des chantiers de construction; les hautes eaux permettaient, comme nous allons
le voir, de leur faire passer les cataractes et descendre le
fleuve.

Sie   hak tes-u   na   Areret-t,   Uaua-t,   Amam,

'Ma?)   her   t. ...t   χet er-s;

Voici que le prince des régions d'*Areret*, d'*Uaua*, d'*Amam* et de (*Ma?*) fournit[1] du
bois pour cela.

Ce sont quatre nations éthiopiennes dont les noms figurent
déjà parmi celles qui fournirent des soldats à la grande armée
de *Pepi*. On voit qu'elles étaient gouvernées par un *Hak*, sans
doute un prince national, sous la direction du gouverneur de
la haute Égypte[2].

Au - ar - na   ma (kat?)   en   renpe-t ua-t,

Je fis tout cela[3] dans l'espace d'une année.

---

[1] La restitution la plus convenable pour
le verbe à demi effacé serait *sepat*, « pré-
« parer, » mais il s'écrit ordinairement avec
⸺; quoi qu'il en soit, le sens général
est très-clair.

[2] Voyez planche VIII, ligne 47.

[3] La lecture de ⎮ *at* ou *kat*, malgré
toutes nos recherches, n'est encore prouvée
par aucune variante bien claire, quoique
les transcriptions grecques semblent décider la question pour *kat*. *Ma-kat* est une
expression qui indique souvent un objet
tel qu'il se comporte ou dans son inté-
grité.

| Em | mehi | | atep | em | mati | aa |

| ar-t | er | Mer-en-ra | Ša-nefer. |

A l'inondation[1], je chargeai du granit immense pour la pyramide *Ša-nefer* de *Mer-en-ra*.

C'était constater la réussite de son entreprise par un des présents qui pouvaient être le plus agréables à un souverain si préoccupé de son monument funéraire.

Ce qui suit est encore bien intelligible, malgré une légère lacune[2] :

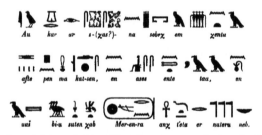

| Au | kar | ar | s-(χas?)- | na | sebeχ | em | χentu |

| afte | pen | ma | kat-sen, | en | ases | ente | taa, | en |

| uai | bi-u | suten χab | Mer-en-ra | anχ | t'eta | er | nuteru | neb. |

Ensuite je fis (construire?)[3] un édifice à chacun de ces quatre chantiers, tels qu'ils sont, (pour rendre hommage, pour adorer?) pour invoquer les esprits du roi de la haute et basse Égypte *Mer-en-ra*, vivant toujours, plus que tous les dieux.

---

[1] Le terme *mek*, avec l'eau, a été défini par M. Chabas comme signifiant *plonger*, *être submergé*. Le nageur ajoute à la clarté du sens, qui me paraît s'appliquer ici à la saison de l'inondation. Le radical *mek* signifie « être plein. » On pourrait cependant croire que les mots *em mehi* doivent s'entendre des vaisseaux « étant mis à « l'eau » ou « lancés au fleuve. »

[2] Voyez planche VIII, lignes 47, 48.

[3] Je restitue ⌐▢⌐ *s-χas, construere*, que la place comporte bien.

On apprend par là qu'Una avait établi, dans chacun de ces chantiers nouveaux, des temples où le culte du roi divinisé avait le pas sur tout autre dieu. C'est un genre de culte tout à fait analogue à celui que nous trouvons établi plus tard dans le temple de Semneh en l'honneur d'*Usurtasen III*, et qui peut nous expliquer l'origine de ce dernier monument.

Ici finit le précieux récit d'*Una*. Je ne cite que pour mémoire la formule très-ordinaire par laquelle il se termine : « Moi, qui « suis le chéri de son père, le favori de sa mère, le comblé des « grâces de ses frères, le chef, gouverneur du Midi, en vérité, « le dévoué à Osiris, *Una* [1]. »

Le règne de *Mer-en-ra* reçoit de cette inscription une illustration considérable et bien inattendue. Fils aîné de *Pepi*, il paraît n'avoir pas eu besoin de renouveler ses expéditions contre des voisins turbulents. Des travaux publics très-importants durent également occuper, à l'intérieur de l'Égypte, celui qui étendait les chantiers de ses constructions navales jusqu'au fond de l'Éthiopie. En nous apprenant que, dans les grandes eaux, les vaisseaux pouvaient, comme de nos jours, descendre du haut Nil dans le bassin égyptien, notre texte semble démentir l'idée d'une révolution terrestre, admise par plusieurs savants, qui pensent que, dans les temps historiques, la hauteur de la chute de la première cataracte a été singu-

---

[1] Voyez la planche VIII, lignes 49 et 50. *Una* est reconnaissable à son titre de ▭ « gouverneur du Midi, » dans le tombeau de son père ▭ *Aaa*, situé à Abydos. Nous y apprenons qu'*Aaa* avait déjà quelques charges importantes. Dès l'époque où ce tombeau fut sculpté, outre la prêtrise exercée à la pyramide de *Pepi*, il était *heb* supérieur et chef des écritures sacrées.

lièrement diminuée par un phénomène géologique. Je sais
que cette idée a été naturellement amenée par les hauteurs
du Nil, marquées à Semneh sous la ·xii· dynastie. Cependant
il faudra étudier de nouveau les circonstances qui ont pu per-
mettre ou interdire le passage d'un navire dans ces diverses
hypothèses. En tout cas, ces grands travaux entrepris sous le
règne de *Mer-en-ra*, dans les régions du Nil supérieur, sont le
meilleur commentaire de l'inscription des rochers d'Assouan [1].
On comprend pourquoi le pharaon « est venu et revenu » de
sa propre personne dans un pays où l'appelaient de si grands
intérêts. Le roi, dans ce monument, est coiffé du diadème de
la basse Égypte; il a le grand bâton en main et la hache de
combat, ses pieds reposent sur le symbole *sam-to* 𓊽𓏤𓎛, c'est-
à-dire sur l'emblème qui caractérise la réunion, sous son
sceptre, des deux parties de l'Égypte.

　　　　Nefer-ka-ra, troisième ou quatrième roi de ce
nom, est connu par divers monuments. Les inscriptions que
nous avons citées prouvent qu'il était le frère cadet de *Mer-en-
ra*, et celle du tombeau d'Abydos, dédié à la famille de la reine
Ra-meri-anχ-nes, ne permet guère de penser qu'il y ait eu une
interruption quelconque entre ces deux règnes [2]. L'inscription
d'Ouadi-Magarah a fait connaître sa devise, 　　　 *nuter ïau*,
« le divin des diadèmes. » Quant à sa pyramide, nommée 　
　 men anχ, et dont la position nous est inconnue, il y a
lieu de croire que les Arabes n'en avaient trouvé l'entrée qu'au

[1] Voyez plus haut, p. 135.   [2] Voyez plus haut, p. 130.

commencement de ce siècle, car une assez grande quantité
d'objets portant sa légende est parvenue dans les musées [1].
Le Louvre possède même une boîte d'ivoire, d'un beau travail,
qui a appartenu à ce monarque. L'inscription de sa mère *Ra-
meri-anχ-nes*, à Ouadi-Magarah, est datée de sa seconde année;
c'est la seule circonstance que nous ayons apprise d'un règne
qui fut probablement assez court. On trouve, sur les vases
d'albâtre qui portent le nom de ce roi, la mention de la panégyrie nommée *sep tep sat hebi*, dont nous avons parlé sous
le règne de *Pepi* son père, et dont nous ne connaissons pas
encore la véritable signification [2].

Parmi les nombreux tombeaux de l'Heptanomide, décorés
sous la vi[e] dynastie, on peut citer celui de ⸗⸗⸗ *Taata*,
à Chœnoboscion, comme appartenant plus spécialement à un
fonctionnaire contemporain de notre *Nefer-ka-ra*. Il a fourni
de beaux dessins à M. Prisse et à la commission prussienne [3].
Ce personnage a attiré mon attention par deux circonstances
spéciales, qui méritent d'être relevées. La première, c'est la
charge de « gouverneur du Midi, » que *Taata* joignait aux titres
et aux sacerdoces que nous trouvons ordinairement mentionnés
dans les légendes des hommes élevés en dignité. Il succéda
probablement à *Una* dans cet emploi éminent, qui explique la
richesse de son tombeau.

J'observe ensuite que *Taata* avait épousé une de ces prin-

[1] La même conjecture s'applique aux
pyramides de *Pepi* et de *Mer-en-ra*.
[2] Voyez la note ci-dessus, page 115.
[3] Voy. Prisse, *Choix de monuments*, pl. V,
et Lepsius, *Denkmäler*, II, 114. Les scènes
y sont remarquables par leur variété.

cesses dont le titre m'a déjà plus d'une fois embarrassé, et
dont voici la légende :

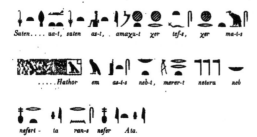

Saten.... ua-t, saten   as-t,   amaχu-t   χer   tef-s,   χer   ma-t-s

....Hathor   em   as-t-s   neb-t,   mærer-t   netera   neb

nefert -   ta   ran-s   nefer   Ata.

Une royale.....(?), la royale auguste, la dévouée à son père, à sa mère; (la prêtresse) d'Hathor dans toutes ses demeures, celle qui est aimée de tous les dieux, *Nefer-ta*,
surnommée *Ata*.

Nous trouvons toujours les maris des personnes ainsi qua-
lifiées revêtus de hautes dignités, qui attestent la faveur attachée à ces alliances royales, et c'est ce qui nous engage à les
enregistrer avec plus de soin[1].

Les personnages secondaires de la vi[e] dynastie formeraient
déjà une liste fort étendue et qui aurait ici tous les inconvé-
nients d'un catalogue : il en est néanmoins quelques-uns que
je ne puis passer complétement sous silence. Le premier porte
trois noms différents[2] : ⬭ *Papi-en-anχ*, sur-

---

[1] Une de ces princesses, nommée ⬛ 𝔛
𝔛 ⋮⋮ Ⴘ *Paa-ta ser-t* avait son tombeau à Zaouïet-el-Meïtein. (Voy. Lepsius,

Denkmäler, II, 111.) Elle appartient certainement à la même époque.
[2] Voyez Lepsius, *Denkmäler*, II, 111.

nommé ◆⚊ *Nam-hotep*, et ⚏ *Hepa* ou *Hapi*. Sa femme
était petite-fille de roi, ⚍ *suten reχ-t Ana*. Quant à
lui, sa plus haute fonction paraît avoir consisté dans l'administration de neuf districts ou nomes.

Le second, nommé ⎮⎮ *Beba*, a laissé un tombeau très-
intéressant à *Zaouïet-el-Meïteïn;* contentons-nous d'indiquer
son titre principal ⬛ *hik ha-t Pepi*, « gouverneur
« de la ville de *Pepi*. » Ce pharaon puissant avait donc élevé
une nouvelle capitale, qui devait probablement être peu éloi-
gnée des tombeaux édifiés pour ses fonctionnaires, mais dont
la place véritable nous reste inconnue. Peut-être fut-elle dé-
truite ou changea-t-elle de nom dans les troubles de l'époque
suivante, car je n'ai pas revu son nom dans les monuments
postérieurs.

Les quatre rois dont nous venons d'étudier l'histoire forment un groupe défini et pour ainsi dire inséparable. La
chambre des rois de Karnak, œuvre de Toutmès III, s'accorde
ici admirablement avec les deux tables de Sakkarah et d'Abydos, ainsi qu'avec les nombreux monuments d'une époque qui
marqua évidemment une ère de grandeur et de puissance
progressive dans le gouvernement des pharaons du premier
empire. Nous avons fait remarquer également que cette famille
se soude, par les monuments, au règne d'*Unas*, qui termine
la v⁰ dynastie, dans l'ordre de Manéthon. Rien ne prouve
cependant qu'un court intervalle n'ait pu être rempli par un
autre règne, et j'admettrais facilement qu'on pût intercaler
ici, en tête de la vⁱ dynastie, comme M. Brugsch l'a pro-

posé, le roi ⟨░░⟩ *Ati.* Ce pharaon n'est connu que par
une inscription de sa première année, qui atteste qu'il faisait
déjà tailler des pierres à *Hammamât* pour sa pyramide nommée
░░ ▲ *biu.* Un des personnages nommés dans l'inscription
de *Hammamât,* ░░░ *Ptah-en-kau,* me paraît se retrouver dans la même localité, avec une mission semblable,
░ sous le règne de *Pepi*[1]. Je ne vois donc rien qui puisse
░ s'opposer, jusqu'ici, à l'insertion d'*Ati*, soit entre *Unas* et
░ *Teta,* soit entre *Teta* et *Pepi,* auprès du cartouche *User-*
░ *ka-ra,* qui n'est peut-être que le nom royal du même
pharaon, et auquel la table de *Seti I* donne place en cet endroit[2].

Il n'en est pas de même du roi *Im-hotep,* qui n'est également
connu que par une inscription de *Hammamât*[3]. Je ne crois pas
possible, en présence du précieux récit d'*Una*, d'insérer un
nouveau règne de quelque valeur historique entre *Teta* et
Pepi, et encore moins entre celui-ci et le règne de ses deux
fils. L'inscription, par sa position et par son style, peut engager à croire qu'en effet le roi *Im-hotep* serait de cette époque;
mais il faudrait alors reculer son règne jusqu'après le groupe
compacte dont nous venons d'élucider l'histoire.

Cette famille pharaonique, si richement dotée de souvenirs

[1] Voyez Lepsius, *Denkmäler,* II, 111.
C'est peut-être un autre individu, mais
de la même famille, suivant toute probabilité.

[2] Telle est, en effet, la place du cartouche *User-ka-ra,* d'après la vérification
faite par M. Devéria. La place qu'il occupe,
avant *Teta,* dans le dessin publié par
M. Lepsius, ne peut provenir que d'une
inadvertance. (Voy. planche II.) M. Dümichen l'avait également placé après *Teta.*

[3] Voyez Lepsius, *Denkmäler,* II, 111.

par les inscriptions funéraires, nous jette à son tour dans une perplexité extrême, quand nous voulons, d'une part, y rattacher ce qui concerne la viᵉ dynastie dans le papyrus de Turin, et de l'autre, combiner ces résultats avec les données fournies par Hérodote et par Manéthon. Un fragment du papyrus de Turin se rapporte avec certitude à cette dynastie (n° 43), et trois autres, avec quelque probabilité (nᵒˢ 59, 61 et 44). Voici comment M. Brugsch a proposé de concilier ces fragments avec Manéthon et les monuments [1].

MONUMENTS.	MANÉTHON.	CANON DE TURIN (N° 59.)		
		Ans.	Mois.	Jours.
1 Ati.............	1 Othoès.......... 30	.... (?)	6	2 1
2 Teta...........	2 Phios........... 53	 20	»	
3 Imhotep........	3 Méthésouphis..... 7	 14	»	»
4 Ra-meri-Papi....	4 Phiops.......... 100	..... 90 (+ x unités) ...		
5 Merenra........	5 Méthésouphis..... 1	 1	1	
		N° 43.	N° 61	
6 Nitaker-t.......	6 Nitocris.......... 12	Nitaker-t... (?)		
7 Neferkara.......	....	7 Neferka.... 2	1	1
		8 Neferus. ... 4	2	1
.	.	9 Ab........ 2	1	1
		10 ▮▮▮▮▮ 1		8

Cet arrangement me paraît indubitable en ce qui concerne la soudure du principal fragment du papyrus avec la liste de Manéthon. Il est appuyé solidement sur le cartouche de

[1] Voyez Brugsch, *Histoire d'Égypte*, p. 44.

Netaker-ti (Nitocris), que j'ai signalé, dès 1847, dans le fragment n° 43 [1]. Le rapprochement entre la liste de Manéthon et le fragment 59 repose sur le chiffre contenant des années de règne au nombre de 90, plus des unités effacées, dont la première remarque appartient, si je ne me trompe, à M. Hincks. Il est une observation qui frappe tout d'abord l'attention, c'est que le canon de Turin ne s'accorde pas avec Manéthon pour cette coupure, et qu'il continue la dynastie, après *Nitocris*, avec quatre souverains au moins de plus que la liste grecque. De Nitocris, qui jouait un si grand rôle dans la tradition, nous ne possédons que le nom, transmis dans sa forme originale par le papyrus [2]. Suivant la légende, cette reine, dont la beauté et l'énergie étaient restées célèbres, aurait succédé à un frère assassiné, qu'elle aurait vengé par le meurtre de tous ceux qui avaient pris part au crime; après quoi elle se serait tuée elle-même. D'après Manéthon, elle aurait été ensevelie dans la 3ᵉ pyramide de Gizeh. La présence du sarcophage de Menchérès ne contredit pas absolument cette version, car la pyramide présente des traces de remaniement et deux chambres funéraires distinctes, qui favorisent, pour cette tombe royale, la conjecture d'une usurpation postérieure.

Les détails historiques que les monuments nous ont donnés sur les premiers rois de la vɪᵉ dynastie ne nous semblent pas

---

[1] *Examen de l'ouvrage de M. Bunsen*, 4ᵉ article, p. 5.

[2] *Net-aker-t*, signifie exactement « Neith la sage. » En traduisant ce nom par Ἀθήνη νικηφόρος, l'auteur de la liste dite d'*Ératosthène* a fait un contre-sens.

conciliables avec l'ingénieux arrangement de M. Brugsch. On
a vu déjà qu'il n'y avait aucune place possible, pour un règne
de quelque longueur, entre *Teta* et *Pepi;* c'est ce qui ressort
avec évidence de l'inscription d'*Una*. *Im-hotep* doit donc être
éliminé de cet endroit. Quant à *Rameri*=*Pepi,* il est impossible
de lui attribuer cent ans, ou même quatre-vingt-seize ans de
règne, puisque nous voyons le même *Una* continuer ses fonctions sous un troisième souverain et pendant plusieurs années.

Le chiffre du papyrus, 90 ans, suivi probablement de quelques unités aujourd'hui perdues, est cependant certain : il
vérifie bien la tradition d'un roi centenaire, ou au moins dont
le règne a dépassé quatre-vingt-dix ans. Il n'y aurait qu'une
manière d'attribuer ce chiffre à *Pepi,* ce serait d'admettre
que ses fils aient été associés à la couronne. Mais, ici encore,
une opposition difficile à vaincre se manifesterait entre les
données monumentales sur le règne de *Pepi* et de ses deux
fils, et l'ordre ainsi que les chiffres du papyrus, qui s'accordent avec ceux de Manéthon. Après le *Phiops* centenaire de
la liste grecque, vient un seul règne d'une année, que suit
immédiatement Nitocris. Nous avons vu, au contraire, que le
règne des deux frères *Mer-en-ra* et *Nefer-ka-ra* avait laissé beaucoup de monuments, et que l'inscription d'*Una* exigeait une
durée considérable pour les travaux exécutés sous *Mer-en-ra*. Il
résulte de tous ces faits que la liste de la vi^e dynastie est très-
altérée dans Manéthon. Si les noms de Phiops et Phios res-
semblent à *Pepi,* en revanche les deux Méthésouphis ne peuvent pas être autre chose qu'une transcription du nom royal

Mentu-hotep, porté par quatre souverains d'une dynastie postérieure. Ils auront été déplacés par le rédacteur des extraits,
et nous avons déjà plusieurs fois constaté des confusions de ce
genre. Les monuments sont assez complets pour nous laisser
peu de regrets jusqu'au règne de *Neferkara;* mais leur silence
va commencer précisément avec le silence des listes grecques,
et nous serons à peu près réduits à de stériles nomenclatures,
jusqu'au moment où la famille d'*Amenemha* jettera un nouveau
lustre sur la seconde partie de l'ancien empire.

Avant de clore nos discussions sur cette première période
de l'histoire égyptienne, il ne sera pas inutile de chercher à
constater l'opinion que paraissent avoir eue, sur son ensemble,
les rédacteurs du papyrus de Turin. Malgré l'état où se trouve
le manuscrit, divers indices nous démontrent que les premières pages étaient composées d'environ vingt-six lignes
d'écriture[1]. On compte, dans la première colonne, à peu près

[1] Cette notion importante résulte : 1° de la colonne à peu près entière qui se re-compose avec les fragments 1, 20 et 19, dont l'ordre est certain maintenant; 2° de la colonne qui comprend les n°ˢ 72-79, mais dans laquelle certains détails m'ins-pirent de la défiance quant à leur assem-blage; 3° de l'étude du fragment n° 61. On y lit d'abord les restes d'un résumé, « en « tout, rois, 18. » Je crois que les vestiges du chiffre ne peuvent se concilier qu'avec un 8. (Voyez le papyrus de Turin, frag-ment n° 61.) Or on voit clairement, par les restes des lignes de la colonne précé-dente qui finissent sur ce fragment, que le détail de la dynastie ainsi totalisée ne devait commencer, dans cette colonne, qu'à la hauteur de la septième ligne du fragment, parce que les lignes 4, 5, 6, étaient consacrées au résumé de la dy-nastie précédente. Il faut encore ajouter probablement une ligne ou deux au plus, en tête du fragment n° 61, parce que les résumés analogues à celui qui se trouve en cet endroit comprennent trois ou quatre lignes dans le papyrus. Ces chiffres réunis $(6 + 18 + 2 = 26)$ nous donnent encore un ensemble de vingt-six lignes, quelle qu'ait été, d'ailleurs, la place exacte du fragment n° 61, dans la hauteur de la page, ce qui ne changera rien au calcul. C'est le même total qu'à la première colonne.

quatorze rois, en commençant à Ménès. *Unas* terminerait une
autre colonne, d'après l'arrangement dû à M. Seyffart, qui,
en ce point comme en beaucoup d'autres, a tenu un compte
scrupuleux des indications matérielles. Si nous admettons
qu'elle suivît immédiatement la précédente, comme elle contenait vingt-cinq ou vingt-six noms royaux, nous aurons un
total de trente-neuf ou quarante pharaons pour tout l'espace
correspondant aux cinq premières dynasties de Manéthon :
la liste, dans l'Africain, comprendrait quarante-trois noms
royaux. Les deux nombres se retrouveraient facilement dans
un parfait accord, si l'on éliminait les trois noms, évidemment
déplacés suivant nous, qui terminent la IVᵉ dynastie. Cet accord remarquable pourrait inviter à considérer les fragments
nᵒˢ 32 et 34 du papyrus de Turin comme appartenant à la
même colonne que le nᵒ 18 [1]. Ceci posé, on arriverait à un
résultat très-séduisant, en faisant correspondre la première
ligne du nᵒ 32 avec la fin du cartouche de *Sar* (nᵒ 18) [2]. On
obtient ainsi une colonne de vingt-six lignes, ou vingt-sept,
si l'on suppose la perte d'une ligne entre les nᵒˢ 32 et 34. Cependant cette restitution, qui paraît si plausible au premier

[1] Voyez la planche III, nᵒˢ 32, 34 et 18.
J'ai déjà fait pressentir cette conjecture
(voyez plus haut, page 26), mais je dois
consigner ici un fait qui en assure la prio-
rité à M. de Horrack J'ai eu connaissance
des idées de ce savant, pendant le cours
de mes leçons, en 1864, sur le même
sujet, et avant la rédaction de ce qui suit;
mais ce point était trop important pour
que je pusse me dispenser de le discuter

ici. Une dissertation de M. le professeur
Lauth, de Munich, qui m'est parvenue
pendant la correction des dernières épreuves de ce mémoire, propose aussi le même
arrangement.

[2] Le verso du papyrus est blanc dans
les deux fragments; il favoriserait cette
conjecture, sans toutefois lui apporter de
preuves. Ce verso est couvert de fragments
de comptes d'un style extrêmement cursif.

coup d'œil, prête le flanc à de graves objections. La première
est le nombre de places un peu trop restreint qui se trouverait
entre *Sar* et *Userkaf*. J'avoue que cette objection ne m'arrêterait
pas : d'abord parce que le papyrus peut avoir omis des rois
secondaires, et ensuite parce qu'il serait possible qu'il y eût
double emploi dans les tables de Séti Iᵉʳ et de Sakkarah entre
Ranebka et *Setes*, d'une part, ainsi qu'entre *Neferkara* et *Huni*,
de l'autre part. Un double emploi de même nature nous a déjà
paru à peu près certain entre *Naterbiu* et *Butau*, ce dernier
ayant été omis par le papyrus. On pourrait aussi admettre
sans difficulté qu'il y a une ligne perdue entre les deux fragments nᵒˢ 32 et 34. Une autre objection pourrait être beaucoup plus grave : le successeur de *Sar-Teta* est connu par la
liste de Séti Iᵉʳ; son cartouche se lit : *Setes*. Or le fragment
n° 32 amènerait à cette même place un reste de cartouche
terminé par le canard ....*tefa*. Je conviens qu'il ne
serait pas impossible d'identifier ces deux noms, quoique, au
premier coup d'œil, ils paraissent bien différents; nous avons
déjà constaté de fortes négligences de la part du graveur égyptien de la table de Séti Iᵉʳ; il en existe d'aussi évidentes dans
les derniers cartouches de la même liste. Au lieu du cartouche
, le nom *Setefa*, si on le suppose écrit en lettres simples [1], donnerait un cartouche de cette forme :
Il est certain que les deux fautes indubitables,
reconnues par nous dans les cartouches de *Meribipen* et de *Bebi*, pourraient nous autoriser à proposer

---

[1] La plupart des cartouches de cette table sont, en effet, écrits en lettres simples.

cette correction. Elle n'aurait, toutefois, une apparence d'autorité que si l'examen du cartouche faisait reconnaître les traces des signes ⵧ au lieu de ⵏ que porte aujourd'hui le dessin que nous possédons [1]. Le gain serait alors considérable pour l'histoire, car nous aurions ainsi obtenu le chiffre chronologique de plus de vingt règnes différents [2]. Mais, je le répète, tous ces rapprochements n'ont aucune valeur devant la différence actuelle des deux noms royaux : *Set'es* et .....*t'efa*.

Je suis encore obligé de faire une objection d'un autre ordre contre la disposition que nous étudions en ce moment : on lit, sur le fragment n° 18, les restes d'une légende 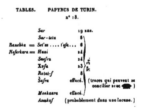 qui appartenait au second ou au troisième successeur du roi *Sar* [3]. Or, dans tout le cours du papyrus royal, on ne trouve pas un exemple d'une mention ajoutée à un cartouche, *après*

---

[1] Depuis la lecture de ce mémoire, M. Théodule Devéria a bien voulu me communiquer les notes qu'il a prises à Abydos, en face du monument : toutes les lettres du cartouche *Set'es* sont indubitables; l'objection subsiste donc dans toute sa force.

[2] Voici, pour fixer ici nos idées ou nos conjectures, comment les nombres du fragment n° 32 pourraient être rapprochés des cartouches de la famille de *Sar*, dans l'hypothèse que nous venons d'énoncer : On remarquera que ces nombres eux-mêmes peuvent devenir le motif d'une nouvelle objection; de quelque manière qu'on veuille les rapprocher des noms royaux, on n'y trouvera rien de convenable pour le long règne de Souphis.

TABLES.   PAPYRUS DE TURIN.

n° 18.

Sar	19 ans.
Sar - tata	8
Rasebha = *Set'es* .... *t'efa* ...	8
Neferkara = *Huni*	24
Snofrû	24
Xufu	23
Ratui-f	8
Safra	effacé. (traces qui peuvent se concilier avec ◀)
Menkaura	effacé.
Aseskaf	(probablement dans une lacune.)

En effet, si *Aseskaf* devait prendre le premier chiffre du fragment n° 34, il faudrait faire descendre tous les chiffres de la v° dynastie, ce qui ne serait pas sans difficulté. (Voyez le tableau, page 75.)

[3] Voyez planche III, n° 18, septième ligne.

le chiffre des années. Il me paraîtrait également difficile, à ce nouveau point de vue, d'accepter ici l'interposition du fragment n° 32, qui donnerait le chiffre de 21 années avant les caractères que nous venons de citer. Nous sommes donc, en face de ces graves objections, obligés de renoncer, jusqu'à preuve contraire, à toutes les lumières que nous aurions pu tirer du fragment n° 32 ainsi réuni au cartouche de *Sar,* d'une part, et de l'autre, à la v⁰ dynastie.

Pendant que nous avons sous les yeux ces précieux fragments du papyrus, nous ne les quitterons pas sans faire remarquer que le n° 18 (tête de colonne)[1] porte deux séries de chiffres qui s'appliquent aux prédécesseurs du roi *Sar.* Les premiers chiffres donnent les années de règne, les seconds, séparés par un trait allongé, expriment la durée de la vie de chacun des rois; c'est ce qu'explique le papyrus lui-même dans d'autres fragments où la formule est développée. Voici l'ensemble de ces chiffres :

ROIS.	RÈGNE.			VIE.
	Années.	Mois.	Jours.	
Neferkasekra	8	4	(2?) —	20
Hut'efau[2]	(25?)	8	4 —	34
Bebi.	37	2	1 —	40
Nebka.	19		(manque)	
Sar.	19	(2?)	(détruit)	

Comme nous avons montré que cette portion de la liste suivait la famille de Ménès, contenue dans les fragments 20 et 19, il nous sera permis de conclure de ce qui précède que

---

[1] Voyez planche III, n° 18. — [2] Ou *Uaht'efau,* voyez p. 24, note 4.

la première famille des pharaons était donnée tout entière, avec
la double mention de la longueur des règnes et des années de
la vie des personnages. En suivant cette indication, il ne sera
pas téméraire de prétendre que le fragment n° 30[1], qui se compose de fins de lignes et où l'on ne trouve que des nombres
d'années, sans mois ni jours, comme ci-dessus, contient également *les années de vie* de neuf des premiers pharaons. D'un
autre côté, le caractère de l'écriture et l'espacement des lignes
prouvent que ce fragment appartient à l'une des premières
colonnes du papyrus; on voit aussi que c'était très-probablement une fin de colonne. Toutes ces indications me portent à
le placer en face du fragment n° 20[2], et je proposerai d'appliquer ces durées de vie à la famille de Ménès de la manière
suivante :

Fragment n° 20.	(Années de règne n° ?)	Années de vie, n° 30.
Meribipen.....		73
(Ati?)...........................		72
Kabuhu...........................		83
Nuterbiu..........................		95
Kakau.		(manque)
Binuteru..........................		95
Ut'nas............................		70
Frag. n° 19. { Sent.		(7?) 4
(Nefer?)ka		70

Si cet arrangement résiste à l'épreuve de la critique, il
pourra servir à déterminer la place des quelques nombres isolés
qui se rapportent certainement à plusieurs de ces règnes.

---

[1] Voyez le papyrus de Turin, fragment
n° 30.

[2] Voyez planche III, n°° 20, 19, et le
papyrus de Turin, fragment n° 30.

Cette étude était nécessaire pour l'examen du fragment n° 59, dont les nombres ont été appliqués par M. Brugsch à nos rois de la vi° dynastie; elle fera mieux saisir la valeur de deux circonstances très-importantes pour son exacte appréciation. La première, c'est qu'il présente des nombres de mois et de jours; en conséquence, il s'agit certainement d'années de règne et non de la vie des rois. Le nombre (peut-être incomplet) 90 est donc bien le total d'un règne. En second lieu, ce fragment forme tête de colonne, et cependant le chiffre des années de la première ligne est écrit juste à la hauteur des chiffres suivants. Or, si l'on compare cette disposition à celle qui résultait de l'emploi de la formule initiale *ari-nef em suteniu* (notamment dans les fragments n° 64, 77, 81, 97), on se convaincra facilement que le fragment 59 ne donnait pas le commencement d'une dynastie : semblable aux fragments 81 et 97, il ne faisait que continuer une série commencée à la colonne précédente[1]. Nous pouvons tirer de ces faits une conséquence intéressante pour l'histoire de la vi° dynastie, à savoir : qu'il y avait de toute nécessité, entre le fragment 59 (qui contient le règne de 90 ans) et la fin de la v° dynastie, avec le roi *Unas* (n° 34), une autre portion du papyrus où se trouvait le commencement de la famille de *Meri-ra=Pepi*. Nous devrions même dire une colonne tout entière, si nous adoptions comme certaine la place du fragment n° 34 au bas d'une colonne; mais

---

[1] Voyez le papyrus de Turin aux numéros indiqués. L'édition de sir G. Wilkinson, qui a scrupuleusement conservé le texte du verso de chaque fragment, est extrêmement précieuse pour l'étude de ces questions.

nous faisons de nouveau toutes nos réserves à cet égard. En tout cas, il est impossible de ne pas supposer, à la suite de ce fragment, premièrement, une ou deux lignes au moins pour l'exposé du résumé jusqu'à Ménès, et, de plus, les premiers rois de la vıᵉ dynastie, introduits, après ce résumé, par la formule initiale ordinaire précédant le nombre des années.

Il est très-possible que la légende de Phiops le centenaire soit hors de sa place, dans l'état actuel des listes grecques; tout ce que nous pouvons en dire, c'est que nous n'avons pas encore rencontré les monuments de ce personnage : quant à nos renseignements authentiques sur la belle Nitocris, ils se bornent, jusqu'ici, à la mention de son nom dans le papyrus de Turin. A quelle distance exacte se trouvait-elle de *Pepi?* c'est ce que nous ne saurions encore décider aujourd'hui. Mais nous pouvons, au contraire, affirmer, en réunissant ce qu'il y a de certain dans nos divers documents, que les Égyptiens comptaient environ quarante-cinq pharaons jusqu'à *Nefer-ka-ra,* second fils de *Pepi.*

Le premier résumé chronologique était placé après *Unas;* toute cette première partie de l'histoire égyptienne était donc considérée comme présentant une certaine unité. La présence d'une rubrique signale néanmoins une division, qui marquait probablement l'extinction de la branche Thinite et l'avénement d'une famille de Memphis, avec le règne de *Sar :* peut-être y en avait-il une semblable avant le sixième prédécesseur d'*Unas,* que le papyrus introduisait avec la formule plus complète *ari-nef em suteniu,* et dont le cartouche ne subsiste plus. Mais un document bien plus précieux nous est dérobé (et peut-être à tout jamais) par les lacérations du papyrus; c'est le nombre des années que la tradition égyptienne assignait, dans ces annales, aux règnes des quarante premiers pharaons. On ne peut s'empêcher de jeter un dernier coup d'œil, empreint d'un profond regret, sur ces vénérables fragments, quand on pense que, recueillis avec un peu plus de soin ou interrogés quelques années plus tôt, ils auraient pu nous donner cet élément dont l'absence torture l'esprit de l'historien et de l'archéologue, la *chronologie*, sans laquelle le plus beau monument perd la moitié de sa lumière, l'événement le plus important reste sans lien humain et comme isolé et perdu dans l'immensité des faits historiques.

Je n'aurai pas besoin de m'excuser auprès des adeptes de la science égyptienne pour les minutieuses précautions que nécessite l'emploi d'un monument aussi mutilé. Je ne voudrais pas cependant terminer ces recherches sur les premiers temps de l'histoire, sans appeler un moment l'attention sur le fragment qui porte le numéro 1. Il est reconnu maintenant qu'il devait venir à la suite des fragments consacrés aux règnes mythologiques et aux temps historiques antérieurs à Ménès; en effet, son texte ne se compose que de résumés qui se terminent à l'avénement de Ménès. Je n'essayerai pas de faire l'exégèse des nombres qu'il renferme, travail plein de difficultés et dont le résultat ne récompenserait pas nos efforts. Je désire seulement mettre dans un jour nouveau quelques faits qui m'ont frappé. Le fragment n° 1 semble une tête de colonne;

le résumé qu'il contient commençait donc à la colonne précédente. La ligne première disait [1] :

l. 1.   ....leurs (années) 1,000 (plus?)...........
l. 2.   ....(20?), leurs années 1,100 (plus?) ....
l. 3.   ....10, ont fait en leurs règnes.
l. 4.   ....leurs (règnes) 330; la durée (de leur vie)
l. 5.   ......10, leurs règnes, leurs années de vie, ans 1,000 (plus?) ....
l. 6.   ....*hen* 19, années 11, mois 4, jours 2 (2?)
l. 7.   .. ...*hen* qui leur appartiennent, *hen* 19, ans 2,200 (plus?,.......

Je crois qu'on doit reconnaître, dans ces deux dernières
lignes, trois fois le signe ▮▮ *hen*, « période, » malgré les différences du tracé hiératique, qui est fort irrégulier. Sans nous
apprendre la valeur numérique de la période *hen*, nous y voyons
clairement qu'elle comportait un chiffre défini. La ligne 8 est
extrêmement intéressante, en voici la transcription hiérogly-
phique :

.... .*u*   *her*   *atef*   *sa-t*   *sefeχ*   *renpe-sen*   *ha-sen(em anχ)*
...... (a?)   patre   mulieres septem, anni earum, stadium vitæ earum.

Il serait impossible de justifier complétement la traduction
d'une phrase aussi mutilée et de dire quels sont ces sept
femmes, *sa-t sefeχ*, ni quel était le verbe . . . *u*, qui les ratta-
chait aux mots *her atef*, à leur père. Peut-être s'agit-il de sept
femmes qui auraient hérité des droits paternels [2]; on les con-

[1] Voyez la planche III, n° 1.

[2] Diodore nous a transmis un souvenir analogue sur cinq reines d'Égypte, dans les dynasties historiques.

sidérait comme des souveraines, puisqu'on enregistrait le comput de leurs temps.

Les lignes 9 et 10 parlent de personnages qui avaient laissé une grande trace dans la tradition.

Je traduirai ce qui reste de ces deux lignes :

......(les temps?) des *Šesu-hor*, ans 13,420 (plus?)
« les règnes jusqu'aux *Šesu-hor*, ans 22,300 (plus?)

La première somme appartenait probablement à ces personnages, et la seconde, étant totalisée avec quelques sommes précédentes, devait, suivant nous, atteindre l'époque de Ménès, dont le cartouche apparaît à la ligne suivante. Il terminait l'énonciation du résumé, car il se retrouve une seconde fois, avec son propre article, à la douzième ligne, où commence sa dynastie. ▟◗▌▌◖ *Hor-šesu*, ou bien plus probablement, par inversion, *Sesu-hor*, peut se traduire « le « serviteur d'Horus » ou « le successeur d'Horus. » Je préfère le premier sens, parce que l'absence de cartouche et de tout titre royal me fait penser qu'il s'agit d'une désignation traditionnelle des premiers Égyptiens. J'ai déjà attiré [1] l'attention sur

---

[1] Voyez la note 1, page 12.

ce nom : *Sesu-hor,* au singulier (déterminé par l'homme 🖾
et de même sans cartouche), est cité, dans l'inscription de
Tombos, sous *Tutmès I*[er], comme le type de l'antiquité hu-
maine la plus reculée[1]. Si l'on veut se rappeler que, dans le
tableau des races humaines, Horus remplit spécialement le
rôle de pasteur des peuples, auprès de la race rouge des *Retu,*
on comprendra qu'aucun nom symbolique ne pouvait mieux
convenir à l'Adam des Égyptiens. Chacun pourra faire, au reste,
ce rapprochement, que les Sémites nommaient par excellence
leurs ancêtres « les enfants de Dieu, » comme les Égyptiens
donnaient, de leur côté, à leurs premiers pères, le nom de
« serviteurs d'Horus. » Les *Sesu-hor* avaient d'ailleurs, aux yeux
des Égyptiens, un caractère tout à fait analogue à celui des
premiers patriarches bibliques; justifiés par Osiris, ils habi-
tent les régions fortunées, destinées aux âmes vertueuses, et
le Rituel funéraire nous les montre récoltant les moissons
abondantes que produisent les champs célestes d'*Aaru*[2]. Ce
renseignement achève de prouver que les *Šesu-hor* sont de

---

[1] J'ai reçu, pendant la correction de mes
épreuves, une publication extrêmement
intéressante de M. Dümichen, intitulée :
*Bauurkunde der Tempelanlagen von Den-
dera.* La planche XV de cet ouvrage m'apporte une heureuse confirmation des vues
que j'avais énoncées dans mon cours et
dans ce mémoire, sur les *Šesu-hor.* L'inscription mentionne un livre très-ancien
qui avait été trouvé dans une muraille, au
temps de *Rameri-Pepi,* et qui relatait la
fondation du temple de Dendéra : il avait

été écrit sur une peau d'*aret* (gazelle?)
« au temps des *Šesu-hor.* »

🖾 C'était une manière de faire remonter
l'origine de Dendéra avant Ménès lui-
même. La mention est tout à fait analogue à celle de l'inscription de Tombos,
et l'orthographe prouve la légitimité de
la lecture par inversion : *Šesu-hor.*

[2] Voy. *Todtenbuch,* ch. cl.vi, appendice.

simples humains, mais il nous porte à penser que, sous le nom de *dynastie des mânes*, les listes grecques ne nous ont transmis qu'un souvenir des premiers Égyptiens.

Je termine ce mémoire avec les principaux documents recueillis sur les six premières dynasties. Je devais consacrer mon premier travail à la charpente matérielle de l'édifice; mais ce serait mal apprécier nos richesses que d'en faire seulement un usage aussi sommaire. La vie civile et politique, l'art et la religion, en un mot, toutes les manifestations de la vie chez une grande nation, ont laissé sur les monuments des traces éclatantes : elles méritent à leur tour d'occuper ces heures bénies que remplit et féconde l'ardente recherche du vrai. Je diffère néanmoins, en ce moment, cette publication plus attrayante; je voudrais, dans un second mémoire, amener les séries pharaoniques jusqu'à la coupure profonde que marque, dans l'histoire, l'invasion des pasteurs. Il sera temps alors de nous recueillir et de chercher à fixer les principaux traits de la physionomie du peuple égyptien avant qu'elle ait pu s'altérer, soit par le mélange qu'amènent les invasions, soit par la voie plus séduisante des guerres extérieures et des conquêtes longtemps conservées.

APPENDICE A.

M. Goodwin et M. Lauth ont proposé pour le cartouche de la table de *Séti Ier* la lecture *Husapati,* d'après la valeur connue ▭ = |∩■ *hesep.* Cette conjecture ne m'avait pas séduit, je craignais que le tracé ▭ ne fût le résultat d'une faute; j'avais peine à reconnaître dans la figure du papyrus de Turin ⊢–⊣ un abrégé de ▭. Mais une observation récente de M. Dümichen (voyez *Zeitschrift, etc.* numéro de décembre 1865) a prouvé que le signe ▭ pouvait être abrégé en ⊢–⊣, même dans les hiéroglyphes. La lecture *Hesep-ti* réunit donc aujourd'hui les plus grandes probabilités en sa faveur. Elle ajoute à la table de *Séti* une concordance précieuse avec la liste de Manéthon, puisque le roi *Hesep-ti* est placé exactement, comme son correspondant grec Ou-saphaïdos, au cinquième rang de la première dynastie.

E. R.

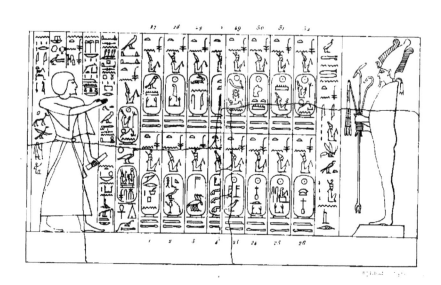

Pl. II

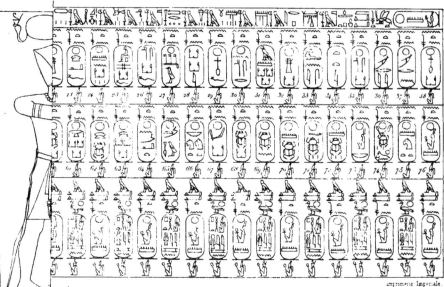

Imprimerie Impériale.

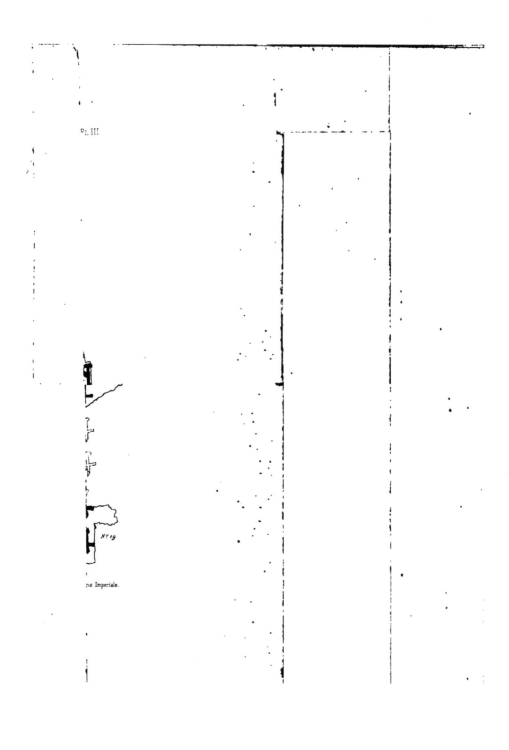

Pl. III

Nº 19

pie Imperiale.

STATUE DU ROI ŠAFRA

BUSTE DU ROI ŠAFRA.

Imprimerie Impériale

BAS-RELIEF DU ROI MENKAHOR

(Musée du Louvre)

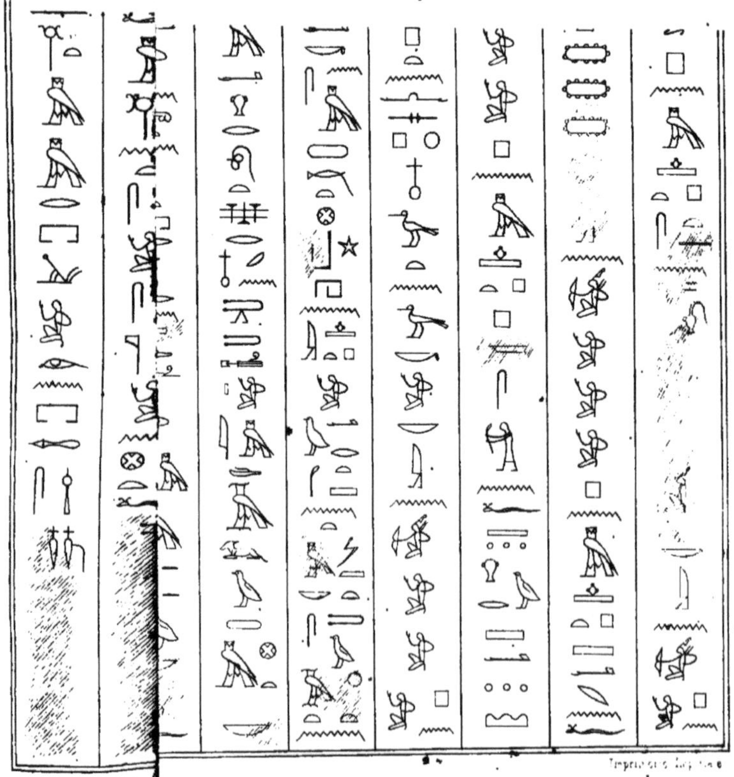

Imprimerie Impériale